ESSAI

SUR L'ORGANISATION

DU JURY DE JUGEMENT

ET

SUR L'INSTRUCTION CRIMINELLE.

ESSAI

SUR L'ORGANISATION

DU JURY DE JUGEMENT

ET

SUR L'INSTRUCTION CRIMINELLE.

PAR M. OUDART.

Video meliora......

PARIS,

L'Auteur, rue Servandoni, n° 23 ;
Delaunay, libraire au Palais-Royal, Galeries de Bois,
n° 243 ;
Pelicier et Petit, libraires au Palais-Royal ;
Mongie aîné, libraire, boulevard Poissonnière.

1819.

ESSAI

SUR L'ORGANISATION

DU JURY DE JUGEMENT

ET

SUR L'INSTRUCTION CRIMINELLE.

La loi de 1791, qui a rétabli parmi nous l'antique institution du jugement par jurés, était un corps complet de dispositions pour la plupart aussi sages que fortement conçues, mais dont quelques-unes étaient hasardées, et d'autres reproduisaient certaines formes du système antérieur dans une institution qui ne lui ressemble nullement. Lorsque nous relisons cette loi, il nous semble voir encore l'assemblée constituante entraînée quelquefois en sens contraires, tantôt par la force révolutionnaire, tantôt par la force des anciennes habitudes.

Cette loi, généralement bien reçue, obtint d'abord des succès remarquables ; mais on en découvrit sans peine et bientôt les parties faibles ; et il arriva trop souvent que des coupables sortirent impunis d'une épreuve qui ne donnait pas assez de garanties au maintien de la sûreté publique. Je ne citerai pour exemple que la disposition de cette loi, qui avait fixé la majorité déterminante des votes à dix contre deux ; en sorte qu'un accusé devait être déclaré et jugé innocent, lors même que neuf voix sur douze l'avaient dit coupable.

L'instruction par jurés fut remise au creuset en l'an 2, et immédiatement après la constitution de l'an 3 ; elle n'en sortit que plus anarchique.

Elle y fut remise à l'époque où le consulat fit place au gouvernement impérial. Jamais elle ne fut plus vivement attaquée. Les ennemis de toute liberté disaient qu'il n'y avait point, ou qu'il n'y avait plus d'esprit public en France. Des magistrats du premier ordre rangeaient cette institution parmi celles que de vaines et trompeuses théories avaient fait indiscrètement adopter, et qui ne pourrait jamais s'acclimater en France.

Cependant, le jury était défendu par des personnages d'un très-grand poids : il le fut aussi par un nombre imposant de magistrats et de citoyens, avec le zèle, le courage et la confiance que donnaient l'amour de la patrie, l'expérience et le danger de voir s'élever sur nos têtes de nouveaux parlements, et de fléchir encore sous la tyrannie judiciaire, qui n'est pas la moins absurde et la moins insupportable des tyrannies. Ils convinrent aisément des défauts essentiels des codes de 1791 et de l'an 4. Ils firent des concessions qui réduisirent au silence beaucoup de détracteurs, parce qu'elles étaient de bonne foi, et qu'elles faisaient disparaître de graves objections : mais ce qui est digne de remarque, ils obtinrent l'assentiment de ceux d'entre les ennemis du jury qui jugeaient que nous n'étions pas assez préparés à la perte du peu de libertés qui nous restaient, et qu'il n'était pas temps encore de renverser le jury.

Enfin, le jury sortit victorieux, en 1808, de cette lutte longue et pénible, mais non sans avoir reçu de larges et profondes blessures.

La charte constitutionnelle porte, article 65, que l'institution des jurés est conservée, et que les changements qu'une longue expérience ferait juger nécessaires, ne peuvent être effectués que par une loi.

Ainsi donc, s'élever contre le jury affermi par les attaques même qu'il a essuyées, et surtout garanti par la charte, serait aujourd'hui une espèce d'impiété ; et ce ne sera pas en vain que la charte nous a promis tous les changements qu'une longue expérience aura fait juger nécessaires.

Dix années d'observations et d'épreuves, des événements de la nature la plus grave, des procès malheureusement trop célèbres, un vœu généralement prononcé contre les tribunaux d'exception, et non moins prononcé pour le jugement par jurés des délits de la presse, un sentiment profond des vices de l'organisation actuelle, une étude plus suivie de celle qui a servi de type à la nôtre ; tout nous dit qu'il est temps d'offrir notre tribut, afin que le législateur, qui se sera sans doute procuré des matériaux de plusieurs mains, les compare à nos essais, si nos essais sont jugés dignes de cette comparaison, et qu'il inscrive une opinion de plus à mettre en délibération.

Pour tenir la promesse que j'ai faite par le titre même de ces essais, j'exposerai les moyens qui me paraissent les plus propres à organiser libéralement le jury de jugement parmi nous, c'est-à-dire, à allier la plus grande sûreté publique à la plus grande sûreté individuelle. Mais avant d'oser m'engager dans cette route, qui peut-être n'est pas semée d'autant d'écueils qu'on le croit ordinairement, je porterai votre attention, dans la première partie, sur les dispositions du code d'instruction criminelle de 1808, concernant l'organisation et les fonctions du jury de jugement, et je les comparerai aux lois anglaises de même nature.

Dans la seconde partie, je dirai mon avis définitif :

1° Sur le jury anglais ;

2° Sur le jury de 1791 ;

3° Sur le jury de l'an 4 ;

4° Sur le jury proposé par feu le duc de Massa ;

5° Sur le jury proposé par M. Bourguignon ;

6° Enfin je proposerai mes vues sur la composition du jury ordinaire de jugement et sur quelques dispositions particulières aux crimes et aux délits de la presse.

Je hasarderai dans la troisième partie quelques observations sur plusieurs autres dispositions importantes, soit du même code de 1808, soit de certaines lois relatives à l'instruction et

au jugement des procès criminels et correctionnels. Je traiterai :

1° De la compétence des cours d'assises et
des tribunaux correctionnels;

2° De la compétence des tribunaux militaires sur les militaires accusés de délits étrangers à la discipline militaire ;

3° De la disposition du code civil, qui veut
que l'action criminelle contre un délit de suppression d'état, ne puisse commencer qu'après
le jugement définitif des tribunaux civils sur
la question d'état;

4° Des mandats de comparution, d'amener,
de dépôt et d'arrêt;

5° De la liberté provisoire sous caution;

6° De l'autorité de la chose jugée au civil,
sur l'action publique, et de la chose jugée au
criminel, sur l'action civile;

7° Et enfin de l'excès de pouvoir.

PREMIERE PARTIE.

Vous pouvez facilement reconnaître que le jury français de 1808 est, comme on vient de le dire, une espèce d'imitation du jury anglais.

En effet, nous avons, comme les Anglais, des assises, qui se tiennent périodiquement plusieurs fois l'année.

Comme en Angleterre, un magistrat d'une cour royale se rend pour ainsi dire sur le lieu du délit, pour y faire mettre les accusés en jugement.

Pour être juré en Angleterre, il faut jouir d'un certain revenu foncier. Pour être juré en France, il faut être ou électeur, ou l'un des plus imposés, ou exercer certaine profession, ou remplir certaines fonctions, qui supposent tout à la fois une éducation et une existence libérales.

En Angleterre et en France, un officier public forme la liste des jurés.

Là comme ici, elle est formée peu de temps avant les assises.

Au lieu de ces listes, qui, quelquefois à Paris, portaient les jurés à deux mille sept ou huit cents par an, nous avons aujourd'hui, comme en Angleterre, un bien moins grand nombre de jurés.

Chez nous comme en Angleterre, la liste est communiquée à l'accusé peu de temps avant le jour indiqué pour l'examen.

En Angleterre, les jurés inscrits sur la liste ou le panneau, sont présents, lorsque l'accusé et la partie publique exercent leurs récusations ; il en est aujourd'hui de même en France.

Chez eux et chez nous, le jury est composé de douze jurés. Edouard Coke, un de leurs magistrats, trouvait quelque chose de mystérieux dans ce nombre patriarcal et apostolique de douze jurés.

Là comme ici, l'examen commence aussitôt après les récusations, et se fait publiquement.

Mais si les dispositions de notre code que nous venons de rappeler, ont été pour ainsi dire calquées sur les lois anglaises, hâtons-nous de faire remarquer et de prouver sans réplique que, sous tous les autres rapports, la différence de l'un à l'autre jury est immense.

1° Le shériff, qui forme en Angleterre la liste des jurés, est un officier chargé en général de veiller à l'observation des lois, et particulièrement de faire exécuter les décisions et les jugements des cours. « Le shériff, dit Blackstone, » est un personnage imposant par lui-même, » et par sa fortune, qui ne peut être tenté de » commettre une erreur volontaire, et qui pré- » sente une responsabilité assurée pour lui et » ses subordonnés : » il accompagne le juge d'assises et prend place à sa droite sur un siége moins élevé : c'est lui qui fait lire, avant la première séance, l'ordre du roi, par lequel le juge est délégué pour tenir les assises du comté ; il est aux ordres du juge et peut être réprimandé par lui : il est accompagné du sous-shériff et d'autres officiers qui exécutent ses commandements : par sa présence aux assises, il garantit en quelque sorte l'impartiale composition du jury. Ailleurs, il préside une cour particulière, mais surtout, le shériff n'est pas révocable à volonté.

Chez nous, le préfet qui forme la liste des jurés, est un fonctionnaire de l'ordre administratif, étranger à la cour d'assises, qui n'a ni commandements, ni réprimandes à recevoir du président ; qui, dans les cas les plus impor-

tants, ne présente aucune responsabilité assurée, puisqu'il ne peut être mis en jugement
sans une autorisation explicite du gouvernement. C'est en quelque sorte un ministre d'un
ordre inférieur ; mais surtout le préfet est révocable à volonté. Il est donc évident que le
gouvernement peut exercer, par un tel agent,
sur la formation de la liste, une influence déterminante.

2° Comme la loi anglaise veut éminemment
que les jurés soient au-dessus de toute objection (1), elle remet aux parties elles-mêmes,
pour ainsi dire, le choix des hommes qui doivent prononcer sur leurs intérêts les plus sacrés, en leur donnant un tel nombre de récusations, qu'elles soient censées avoir ainsi choisi
les jurés qui restent. Un droit large de récusation est de l'essence de cette institution.

Et d'abord le shériff, qui doit être *souverainement impartial* (2), est lui-même essentiellement récusable. Si la récusation est admise,
il est remplacé par le coroner, qui est également récusable. Si celui-ci est récusé par l'une

----

(1) *Omni exceptione majores.*
(2) Expression de Blackstone.

des parties avec succès, la cour nomme deux *elisors*, qui ne sont pas récusables.

Ceci peut avoir lieu avant la formation de la liste ; lorsqu'elle est formée, les parties peuvent la récuser, (récuser la liste entière) par les mêmes motifs qu'elles auraient pu récuser le shériff avant la formation de la liste ; elles ont la même faculté contre la liste du coroner, lorsqu'il a remplacé le shériff. La liste des *élisors* est irrécusable.

En France, nous n'avons rien de semblable. Récuser un préfet ! quel scandale ! et la liste peut être formée d'autant moins impartialement que le préfet sait qu'il n'est pas récusable, et que sa liste sera nécessairement admise. Au contraire, les listes en général se forment en Angleterre avec impartialité, parce que tout shériff, tout coroner, sait que les motifs de récusation sont écoutés favorablement chez une nation où l'on ne professe pas en vain que les jurés doivent être au-dessus de toute objection.

3º Chez les Anglais, en effet, les jurés sont de fait et de droit les *pairs* de l'accusé. La grande charte dit expressément que nul homme libre ne peut être saisi, emprisonné et puni que par le jugement légal de ses *pairs* et la loi du pays (1). C'est pourquoi le shériff, religieux observateur de la grande charte, et jaloux d'éviter jusqu'au soupçon de partialité, choisit ordinairement les jurés dans la classe moyenne de la société. D'abord, la loi lui interdit de choisir les jurés parmi la multitude, souvent capricieuse et absurde, dit Blackstone, quelquefois tumultueuse et disposée à croire qu'elle n'a rien à perdre et beaucoup à gagner en violant la loi.

Par la même raison les jurés ne se prennent point parmi les personnes élevées en dignités. « Il ne faut pas croire, dit Blackstone, que le » petit nombre soit attentif aux intérêts et au » bien-être de la multitude. »

Puisque les jurés sont les *pairs* des accusés, ils ne peuvent jamais être pris dans les classes trop au-dessus ou trop au-dessous de la condition des accusés. La classe moyenne est ennemie des factions. Elle veut acquérir et conserver en toute sécurité; et celui qui aurait tout à craindre, s'il cessait d'être protégé par

____

(1) *Nullus homo liber capiatur vel emprisonetur, aut exulet, aut aliquo alio modo destruatur, nisi per legale judicium parium suorum et per legem terræ.*

la loi, est précisément celui qui peut le mieux contribuer à la faire régner. « Les hommes » extrêmement heureux, et les hommes ex- » trêmement malheureux, sont également por- » tés à la dureté ; il n'y a que la *médiocrité* et » le mélange de la bonne et de la mauvaise » fortune qui donnent de la douceur et de la » pitié (1). »

« Il est visible, dit Blackstone, que des ju- » rés honnêtes et judicieux, choisis parmi les » citoyens de la *moyenne classe*, seront les » plus religieux inquisiteurs de la vérité et les » plus sûrs gardiens de la justice publique. » Ainsi le plus puissant individu dans l'état se » gardera bien de hasarder aucune entreprise » sur le droit d'autrui, lorsqu'il saura que le » fait sera examiné et décidé par douze per- » sonnes désintéressées, et lorsqu'il verra que » du moment que le fait sera constaté, la loi » prononce à l'instant le redressement de » l'injure. »

Parmi nous, la liste la plus effrayante de partialité doit être accueillie, comme le serait la liste la plus sagement dressée. Nulle récla-

---

(1) Montesquieu.

mation n'est possible, et rien ne s'oppose à ce que nos préfets, qui sont presque tous ducs, ou marquis, ou comtes, ou vicomtes, ou barons, n'adressent aux cours d'assises des listes de ducs, de marquis, de comtes, de vicomtes et d'anciens seigneurs châtelains, pour juger des hommes accusés d'avoir fait la guerre aux châteaux. Que deviendrons-nous, faibles et obscurs plébéïens que nous sommes? Qui nous maintiendra dans cette égalité devant la loi, qui nous est promise par la charte? Qui nous garantira des vexations dont le danger est imminent, si la loi elle-même fournit aux personnes que nous devons craindre le plus, les moyens de se constituer inévitablement leurs juges et les nôtres?

4° Après ce droit de récusation contre le choix des jurés, c'est-à-dire, contre la liste entière, vient, chez les Anglais, le droit de récusation motivée contre la personne de chaque juré.

Les trois premières causes de récusation motivée, sont : 1° si le juré est l'un des lords du parlement ; 2° si l'honneur du juré est entaché par une condamnation ; 3° s'il n'a pas l'âge, ou s'il ne remplit pas les autres conditions exigées par la loi.

De plus, les jurés sont récusables formellement par les mêmes motifs à peu près qui autoriseraient parmi nous la récusation des juges : si le juré ou son épouse sont parents ou alliés de l'une des parties ou de son épouse ; s'ils ont ensemble quelque différent grave ; si l'un a été le conseil ou l'arbitre de l'autre, etc.

Outre ces motifs principaux et formels de récusation, que l'on peut aisément justifier par écrit, et qui font prononcer de plein droit le rejet du juré, la loi admet une cause de faveur, qui a lieu lorsque les parties n'ayant aucune cause formelle de récusation à proposer, rapportent seulement des faits qui peuvent faire craindre quelque partialité, comme l'amitié, la familiarité, etc.

Ce n'est pas la cour d'assises qui prononce sur les récusations motivées. Aussitôt qu'un juré dont le nom est appelé, se trouve atteint d'une récusation de cette espèce, la cour nomme pour la juger deux personnages sans intérêt, appelés *triors*. Si les *triors* trouvent la récusation mal fondée, le juré non valablement récusé prête le serment et s'unit aux *triors* pour juger la seconde récusation. Si le second est jugé irrécusable, il prête serment à son tour : alors les *triors* se retirent, et les deux premiers jurés admis demeurent juges des récusations proposées contre tous les autres.

Le shériff remplace aussitôt les jurés qui ont été écartés par l'effet des récusations formelles et de faveur, en appelant un certain nombre de personnes, qui, dès la formation de la liste, ont été désignées et averties de se tenir prêtes à remplacer ceux des jurés qui viendraient à manquer.

En France, non seulement aucune récusation motivée n'est autorisée par le code de 1808; mais l'article 399 de ce code dit expressément que l'accusé ni le procureur général ne pourront exposer leurs motifs de récusation.

5° La loi anglaise a prévu que tel juré, admis par une décision qui l'a déclaré récusé sans motif valable, pourrait éprouver quelque ressentiment d'avoir été soupçonné de partialité ; il se pourrait encore que l'accusé eût conçu quelque prévention contre un juré porté sur la liste, sans qu'il osât exposer, ou sans qu'il pût justifier la cause secrète de sa répugnance. C'est pourquoi la loi a introduit une autre espèce de droit de récusation, en vertu duquel l'accusé peut écarter, avant l'examen du procès, un certain nombre de jurés, sans donner les motifs de son refus, récusation que l'on nomme *péremptoire*.

La loi romaine accordait plus : on pouvait encore, après la cause entendue, et immédiatement avant le jugement, exercer un nombre déterminé de récusations.

Par un statut de Henri VIII, toute personne accusée de félonie ne peut user du droit de récusation péremptoire que contre vingt jurés sur une liste de quarante-huit. Dans les accusations moins graves, elle peut en récuser trente-cinq.

La partie publique, qui peut comme l'accusé récuser successivement le shériff et le coroner ; qui peut aussi récuser successivement la liste entière de l'un et de l'autre ; qui peut encore exercer les récusations formelles et de faveur dont on vient de parler ; la partie publique exerce seulement les récusations péremptoires que l'accusé délaisse. Ainsi, par exemple, si l'accusé se réduit à vingt récusations sur trente-cinq, la partie publique peut en exercer quinze.

En France, le préfet dresse une liste de soixante jurés ; mais le président est tenu de la réduire aussitôt à trente-six, et d'exercer ainsi ce que je pourrais appeler vingt-quatre récusations préliminaires. Si de ces trente-six jurés, il s'en présente seulement trente à l'audience, ce nombre suffit, et la cour d'assises passe outre

La différence de la liste des jurés en France, au panneau des jurés en Angleterre, est donc de trente-six, et souvent de trente à quarante-huit.

Régulièrement, en Angleterre, il peut arriver que la partie publique n'exerce aucune récusation péremptoire. En France, l'officier du ministère public exerce à lui seul autant de récusations péremptoires que tous les accusés ensemble, sur une liste de soixante déjà réduite à trente-six par un officier public ; cependant, lorsque les jurés sont en nombre impair, comme trente et un, trente-trois ou trente-cinq, les accusés peuvent exercer une récusation de plus que le procureur général.

Ainsi, sur une liste de soixante jurés dressée par un officier public, deux autres officiers publics exercent successivement trente-trois récusations au moins et trente-six au plus. Dans ce dernier cas, ils récusent les *trois cinquièmes* de la liste.

En Angleterre, lorsque plusieurs personnes

sont ensemble accusées d'un même crime, chacune d'elles peut user pleinement de son droit de récuser péremptoirement, soit vingt, soit trente-cinq jurés ; mais alors elles sont jugées séparément.

En France, on met ensemble en jugement toutes les personnes accusées d'être les auteurs et les complices d'un même crime, et avec elles, toutes les personnes accusées d'être les auteurs et les complices de tous les crimes et de tous les délits connexes ; et l'on voit souvent figurer quinze ou vingt accusés dans un même procès. Si donc il s'est présenté trente-six jurés, les quinze ou vingt accusés ne peuvent récuser que douze jurés, c'est-à-dire, le *cinquième* seulement de la liste, dont deux officiers publics ont récusé les *trois cinquièmes*. S'il ne s'est présenté que trente jurés, les quinze ou vingt accusés n'ont ensemble, en tout et pour tout, que neuf récusations péremptoires. Ainsi la moitié et plus des accusés se trouve traduite devant de *prétendus* jurés contre lesquels elle n'a pu proposer aucune sorte de récusation, non pas même celles que l'article 378 du code de procédure civile admet contre les magistrats assermentés des cours et des tribunaux.

6°. En Angleterre, les jurés ne peuvent communiquer avec personne durant l'examen. Récemment encore, nous avons vu que depuis le commencement du procès de Watson, les jurés, logés et nourris dans des appartements préparés pour eux auprès de Westminster, y étaient gardés par des officiers particuliers. On se souvient que durant l'instruction de ce procès, l'un des jurés demanda s'il ne pourrait pas prendre l'air, sous la garde d'officiers assermentés ; faisant observer que cela se pouvait le matin de très-bonne heure, ou le soir fort tard ; et que si les jurés n'obtenaient pas cette permission, la cour pourrait bien se trouver interrompue dans sa procédure, par la nécessité d'un médecin pour quelques-uns des jurés. La cour consentit à cette demande, et le matin du 12 juin 1817, de très-bonne heure, les jurés se promenèrent dans Old-Palace-yard, pendant très long-temps, sous l'escorte des officiers du shériff. Ces officiers avaient prêté serment de prendre garde que les jurés ne communiquassent avec personne, et ne souffraient pas qu'on les approchât.

En proposant une semblable mesure en 1808, au corps législatif français, l'orateur du gouvernement disait : « La séduction sera im-

» possible, lorsque les débats seront com-
» mencés, car les jurés ne pourront désem-
» parer qu'après avoir donné leur déclara-
» tion. »

Cependant tout le monde sait que l'on secoue impunément le joug de cette règle, qui n'est pas une des moins importantes à laquelle les jurés promettent avec serment de se conformer, mais qui néanmoins n'est pas prescrite à peine de nullité. Ainsi la séduction n'est pas impossible : ainsi, dans les intervalles nécessaires au repos des juges, des jurés, des témoins et des accusés, lorsque le procès est compliqué, il n'est pas impossible de rencontrer dans la même auberge de telle petite ville, logés ensemble, mangeant, buvant, conversant ensemble, les jurés, les témoins, les femmes, les enfants, les pères et mères, les amis des accusés ou de la partie civile, leurs défenseurs, leurs protecteurs, leurs solliciteurs.

7° En Angleterre, le jury donne spontanément sa déclaration, *coupable* ou *non coupable;* ou bien il donne de même spontanément une déclaration spéciale sur les faits et les circonstances qu'il a reconnus constants, et remet à la cour d'assises de décider si, du texte de la loi, et des faits et circonstances ainsi déclarés, il résulte que l'accusé est *cou-pable* ou *non coupable.*

En France, le jury ne répond jamais spontanément ; la loi l'asservit aux questions que le président lui a remises par écrit : ni la forme, ni le nombre des questions ne sont prescrites à peine de nullité. Ainsi la déclaration du jury est dans la dépendance de la cour d'assises ; ainsi le jury peut être réduit au silence sur des circonstances essentielles, et se trouver privé des moyens d'exprimer sa pensée toute entière, même en faveur de l'accusé. Citons un exemple.

L'article 339 de notre code porte que, si l'accusé propose pour excuse un fait admis comme tel par la loi, la question sera ainsi posée : *Le fait est-il constant ?* Mais cette disposition n'est pas prescrite à peine de nullité. Que peut-il arriver ? En vain l'accusé aura proposé un fait d'excuse ; en vain ce fait est du nombre de ceux qui, d'après la loi, rendent l'accusé excusable ; en vain l'art. 339 veut que, dans ces deux cas réunis, la cour demande au jury si le fait est constant ; en vain tout ce qui tend à établir la culpabilité plus ou moins grande, ou plus ou moins excusable de l'accusé, comme son innocence, doit-il être essentiellement soumis au jury ; la cour peut se constituer le premier et quelquefois le seul juge du fait d'excuse, ainsi que de la force des preuves survenues sur ce fait, et, par exemple, décider seule, à la ruine de l'accusé, que le fait d'excuse ne résultant pas des débats, il n'y a pas lieu de le soumettre au jury. En ce cas, le jury ne pouvant que répondre aux questions qui lui sont faites, jamais rien au-delà, se taira sur cette circonstance, qui néanmoins est quelquefois d'une telle efficacité, qu'elle peut sauver l'accusé de la peine capitale.

Et la cour de cassation pense qu'elle ne peut annuler cette décision, qui ne blesse, dit-elle, aucune disposition prescrite à peine de nullité (1). Je pense, au contraire, que cette cour, à laquelle l'article 408 du code impose l'obligation d'annuler les actes et les décisions contraires aux règles de compétence, peut et doit annuler un tel arrêt ; parce qu'il viole cette règle essentielle de compétence exprimée, non seulement par l'article 339, mais par l'en-

____

(1) Voyez un arrêt du 2 février 1815.

semble des dispositions organiques du code ; parce qu'il viole, dis-je, cette règle de compétence qui donne au jury et ne donne qu'à lui, le pouvoir de décider, soit affirmativement, soit négativement, le fait principal et toutes les circonstances.

Quoi qu'il en soit, cette partie du code est nécessairement défectueuse, si je suis dans l'erreur, puisqu'elle rend possible un abus énorme : elle l'est encore, si mon avis est préférable, puisqu'elle laisse flottante, pour ainsi dire, et livre à la discussion, une disposition sur laquelle aucun doute ne devrait s'élever.

8. En Angleterre, le jury doit être unanime pour ou contre l'accusé ; et l'on ne sait pas assez, en France, que cette forme de procéder, d'abord rejetée en 1791 par l'assemblée constituante, fut admise quelques années après, et fut observée pendant environ douze ans ; avec cette modification néanmoins que, si après vingt-quatre heures de réunion les jurés déclaraient qu'ils n'avaient pu s'accorder pour émettre un vœu unanime, ils se réunissaient derechef, et la déclaration se faisait à la majorité absolue.

Plusieurs magistrats nous avaient attesté qu'il était résulté un très-grand bien de la première partie de cette loi : ils avaient remarqué, pendant six ans environ, que les jugements avaient été rendus à l'unanimité dans toute la France, telle qu'elle était alors, hormis quarante jugements environ par an ; que dix-huit cents procès avaient été jugés pendant quatre années et demie par le seul tribunal criminel de la Seine, et que tous les jugements avaient été rendus à l'unanimité, hormis vingt-un. Ils avaient remarqué que si ce très-petit nombre de jugements n'avaient pas été rendus de même à l'unanimité, c'est que la loi permettant de voter à la majorité après un délai de vingt-quatre heures, fortifiait les dissentiments par cette disposition alternative, au lieu de tendre à les faire cesser : ils avaient remarqué que la majorité des jurés, assurée d'avance de faire prévaloir son avis, après un délai de vingt-quatre heures, qui n'est rien pour des hommes appelés aux fonctions de jurés une fois au plus par an, ne se donnait pas toujours la peine d'éclairer la minorité, de lui donner les moyens de sortir de son incertitude ou de la justifier, et qu'elle avait quelquefois préféré d'attendre en silence l'expiration de la dernière heure :

ils avaient remarqué que, de même, la minorité, quoiqu'elle fût hors d'état de justifier sa résistance, s'était quelquefois *déloyalement* (1) opiniâtrée à passer les vingt-quatre heures, plutôt que de partager franchement la responsabilité d'un jugement nécessaire, en renonçant à une défection inexcusable.

Au lieu de profiter des leçons d'une expérience de douze ans parmi nous, et d'un nombre inconnu de siècles chez nos voisins, au lieu de rectifier la loi et de faire cesser des abus signalés et, pour ainsi dire, mis à nu, le code de 1808 veut que la décision du jury se forme pour ou contre l'accusé à la majorité, et qu'en cas d'égalité de voix, l'avis favorable à l'accusé soit adopté.

Je souscrirais, sans contredit, à la dernière partie de cette loi, si la faveur qu'elle accorde

____

(1) Chez nos pères, où les jurés, hommes aussi sages que courageux, étaient quelquefois appelés à soutenir leur jugement par le combat, tout juré était tenu pour *discourtois* et *déloyal*, s'il persistait à refuser son assentiment à l'avis qui prévalait, lorsqu'après avoir usé de tous les moyens que la loi avait mis en son pouvoir, il n'avait pas fait prévaloir le sien. (DESFONTAINES, chap. 21, art. 27 et 28.)

à l'accusé était nécessaire, et s'il n'existait aucun moyen de faire autrement : mais lorsqu'on viendra m'annoncer que, sur douze jurés, six jurés sages, éclairés, courageux, disent que tel accusé est coupable d'attentat à la sûreté de l'état, ou d'empoisonnement, etc., on ne me persuadera jamais qu'il faut en rester là, que la loi a suffisamment pourvu à la protection qu'elle nous a promise ; qu'elle n'a pas dû prescrire aux jurés une plus ample délibération, et user de quelques moyens de plus pour conjurer un aussi déplorable résultat. Il faut gémir en effet sur l'inconsidération du législateur, qui n'a pris aucune précaution contre l'entêtement, la partialité ou la corruption.

Je dirai la même chose de la première partie de cette loi, qui veut que la décision se forme à la majorité, pour ou contre l'accusé. La majorité n'est qu'une justice extérieure et présumée, qui présenterait peu de dangers dans un corps nombreux composé de l'élite du royaume : « car la bonté des jugements, dit » M. le marquis de la Place (1), est d'autant » plus probable que les juges sont plus nom-

______

(1) *Essai sur les probabilités.*

» breux et plus éclairés ». Mais lorsque sur douze jurés seulement, quatre jurés respectables et dignes de notre confiance, disent que l'accusé est innocent, pouvons-nous être dans une juste sécurité? Et la loi qui oblige de le condamner, peut-elle être enregistrée au nombre des bonnes lois? Les Anglais disent avec orgueil qu'une décision prise à l'unanimité est la vérité elle-même, *verè dictum.* Oserez-vous donner le nom de *verdict* à vos décisions prises à la majorité?

Soumettre les jurés à la loi de l'unanimité, c'est donc d'abord les empêcher de se contenter d'une discussion à peine ébauchée ; c'est forcer la majorité d'écouter les raisons bonnes ou mauvaises de la minorité, qui ne doit jamais être obligée de voter, avant que tous ses doutes aient été dissipés.

Mais de plus, on sait que les jurés ne se divisent que dans les affaires les plus graves, et que les affaires courantes se décident presque toujours à l'unanimité. Pourquoi donc la loi ne prendrait-elle pas de ces précautions qui tendent à donner à la société, dans les grandes circonstances, un résultat aussi satisfaisant que s'il s'agissait d'un crime ordinaire?

Considérons enfin qu'il faut dans les affaires

importantes plus de courage que d'intelligence. Il faut, par cette raison, que chaque juré trouve dans le ressort de la loi, la force qu'il ne trouverait pas en lui-même. Si vous portez la loi de l'unanimité sans alternative et sans terme, le juré qui connaîtra cette loi, sentira d'avance la nécessité de déposer en entrant toute prévention et toute espèce de crainte. Il saura surtout qu'il ne pourrait rétrograder, et qu'il trouverait des hommes forts de caractère et de raison qui lui barreraient le chemin et le feraient rougir de sa partialité ou de sa faiblesse. De même qu'au moment de la bataille, on prend des mesures de discipline pour qu'aucun soldat ne sorte de son rang, ainsi la loi de l'unanimité contraint les jurés chancelants de s'aligner, pour ainsi dire, aux jurés courageux, et de combattre avec eux les ennemis de toute société.

Écoutez ce que disaient nos maîtres en cette partie, dans la chambre des lords, le 28 février 1815.

« Le bill de l'établissement des jurés en ma» tière civile dans l'Ecosse est mis en délibé» ration.

» Le marquis de Lansdowne pense que l'u» nanimité des jurés est le fondement et l'es-

» sence de l'institution. Si le jugement par ju-
» rés forme la partie la plus essentielle des
» institutions judiciaires de l'Angleterre, l'u-
» nanimité du jury est la partie la plus excel-
» lente de cette incomparable institution. Le
» noble et savant lord chancelier est invité à
» donner son opinion à cet égard.

» Le lord chancelier déclare que *sa longue*
» *pratique, ses observations, son expérience*
» l'ont décidément convaincu que le principe
» de l'unanimité du jury pour le verdict est
» essentiel à cette forme de jugement : sa con-
» viction est telle à cet égard, *qu'il doute*
» *que le bill qu'il propose eût quelque avantage,*
» *si ce principe n'y était pas posé.*

» Le comte Lauderdale, le vicomte Mel-
» ville, le duc de Montrose, le comte de Ross-
» lyn ont successivement parlé dans le même
» sens, et fait valoir qu'en Irlande l'établisse-
» ment du jugement par jurés n'a souffert au-
» cune difficulté.

» Lord Erskine observe qu'il n'est pas un
» Ecossais *qui ait plus que lui l'expérience*
» *des jugements par jurés*, et qu'il est entiè-
» rement convaincu que l'unanimité des jurés
» est de l'essence de cette institution.

» Lord Rodesdale ajoute *que l'unanimité*

» *est le seul moyen de conduire les jurés à*
» *cet examen sérieux et convenable des ma-*
» *tières qui leur sont soumises ; parce que*
» *dans le cas où sa décision peut étre prise*
» *par la majorité, toute difficulté peut étre*
» *promptement tranchée en allant aux voix.*

» L'amendement proposé est admis, *nemine*
» *dissidente*, et le bill passe en comité (1). »

Dira-t-on que cette unanimité ne s'obtient
en Angleterre qu'en forçant les jurés à être
enfermés, sans boire ni manger, sans feu ni
lumière, jusqu'à ce qu'ils soient d'accord :
qu'ainsi cette unanimité, qui n'est pas sponta-
née, qui n'est pas le résultat d'une entière
conviction, n'est plus unanimité ; qu'elle n'est
autre chose que la minorité qui cesse de lutter
contre la majorité, et réciproquement ? c'est,
dira-t-on encore, le triomphe de l'obstination
ou de l'habitude des fatigues, sur la faiblesse,
l'ennui, la souffrance : la conscience capitule
avec la force ; le corps délibère et non la tête ;
que si la persévérance d'un juré vertueux, disait M. Duport à l'assemblée constituante, peut
sauver un innocent, l'entêtement coupable
d'un juré peut le perdre.

---

(1) Extrait du *Moniteur* du 7 mars 1815.

Répondons d'abord que c'est une erreur en droit de prétendre que la commune loi force les jurés à être enfermés, sans boire ni manger, sans feu ni lumière. Blackstone dit que pour éviter les délais inutiles, les jurés doivent rester sans boire ni manger, sans feu ni lumière jusqu'à ce qu'ils soient d'accord, *à moins que le juge ne les en dispense.* Et Delolme dit aussi que les jurés restent dans leur chambre sans boire ni manger et sans feu, jusqu'à ce qu'ils se soient accordés, *à moins que le juge ne le permette.*

L'objection est donc exagérée en droit. La loi a pris des précautions d'autant plus sages qu'elles ne sont point absolues, et surtout qu'elles sont remises à la discrétion du juge ; c'est-à-dire, de l'un des personnages les plus respectables du royaume, qui veut toujours que la persévérance vertueuse d'un juré puisse sauver un accusé qui n'est pas coupable, et qui est chargé de veiller à ce que l'entêtement coupable d'un juré ne puisse jamais perdre un innocent. On suppose à cette mesure une force directe qu'elle n'eut jamais. C'est une simple menace qui ne peut produire que la crainte vague, éloignée, auxiliaire, de quelque malaise possible : c'est un avertissement que les passions et la corruption ne prévaudront jamais contre la justice.

Prétendre ensuite que, lorsque le petit nombre souscrit à l'avis du plus grand, il n'y a pas une véritable unanimité, et que le procès est comme jugé à la majorité, c'est encore une très-grande erreur. Lorsque la majorité des jurés proclame en pleine audience une victoire encore fumante, en présence de la minorité consternée, et peut-être irritée de sa défaite ; lorsque cette minorité persiste dans son avis, à l'audience et au-dehors ; lorsque partout elle annonce que l'accusé était innocent ; lorsque l'opinion publique est ainsi provoquée à se prononcer contre le jugement, est-ce donc la même chose que si la minorité avait consenti à la condamnation ? Enfin lorsque le petit nombre adopte l'avis du plus grand, est-ce donc la même chose que s'il ne l'adoptait pas ?

Une crise de cette nature affligea un jour un de nos départements. Le chef du jury refusa de prononcer la déclaration, sous prétexte d'une extinction de voix, mais par l'unique raison qu'elle avait été emportée contre son avis. Un second juré, requis de la prononcer, allégua la même excuse. Un troisième, requis dans la même forme, la prononça d'une voix forte, et avec une contenance qui parut d'autant plus affectée, que d'autres jurés paraissaient pénétrés d'une douleur concentrée. Fasse le ciel que pareille scène ne se renouvelle jamais !

Si c'est la minorité qui cède à la majorité, de quoi peuvent se plaindre les partisans de la simple majorité? Comment justifieront-ils leur résistance à une méthode dont on retrouve en France quelques vestiges, qui dépassant leur espoir, ajoute au suffrage direct de la majorité, le consentement, l'accession, l'adhésion de la minorité ; qui, de plus, donne aux esprits le temps de se rasseoir, et ramène à l'audience douze jurés sans passions et calmes comme la justice?

Si c'est la majorité qui cède à la minorité, félicitons nos voisins d'avoir conservé religieusement une méthode qui peut seule appuyer la persévérance d'un juré vertueux, et prévenir une absolution ou une condamnation injuste. On cite en Angleterre un seul exemple d'une séance dont la durée et les circonstances étonnèrent les contemporains. Un juré se refusa, seul et constamment, à des indices qui n'étaient pas convaincants : et cet exemple, que

tout le monde connaît, suffirait pour faire bé-
nir la loi de l'unanimité.

J'accorde aussi une pleine confiance à ces
décisions promptes que les jurés anglais déli-
vrent souvent dans les causes simples, et quelquefois sans sortir de leurs bancs : mais je sais
aussi que parmi nous, dans les tribunaux, dans
les cours et ailleurs, une lente, sage et mûre
délibération sur des matières hérissées de difficultés, a souvent ramené tous les avis à l'avis
d'un seul : et cette unanimité, pour être arrivée tard et péniblement, n'en est que plus précieuse. *Sage est le juge qui écoute et tard juge:
car de fol juge, briève sentence* (1).

Malgré tout ce que je viens de dire, je con-
viendrai que les malheurs prédits par les partisans de la majorité ne sont pas mathématiquement démontrés impossibles. Ces malheurs
arriveront : 1° lorsque les douze jurés, quoique l'élite des habitants du pays, se divi-
seront de telle manière que les hommes robustes seront tous d'un côté, et qu'il n'y aura
de l'autre que des hommes faibles de santé ;
2° lorsque ces hommes robustes auront du cou-

______

(1) *Institutes de Loysel.*

rage et de la ténacité, et que les hommes faibles de santé seront tous des êtres pusillanimes ; 3º lorsque ces hommes robustes et tenaces seront en même temps d'une telle perversité, qu'ils se porteront, sans en excepter un seul, à perdre un innocent ou à sauver un coupable, et que parmi les autres jurés, tout faibles et pusillanimes qu'ils seront, il n'y en aura aucun qui préfère se soumettre à quelque ennui, même à quelques souffrances, plutôt que de devenir lâchement leurs complices ; 4º lorsque ces hommes robustes, tenaces et pervers, seront en même temps assez impudents pour persister dans leur résolution, sans pouvoir même alléguer aucun prétexte, ou bien en opposant cent fois de futiles objections cent fois réfutées, et pour montrer ainsi à découvert qu'ils n'ont d'autre arme à employer que la force ; 5º enfin, lorsque le juge, averti par la longue durée de la délibération, refusera de la régulariser, en usant des moyens que la loi a remis à sa prudence, et ne voudra pas secourir la justice aux prises avec la perversité.

Mais combien de chances contre chacun de ces événements ? Combien surtout contre la réunion de tous ? Concluons donc que cette réunion, qui n'est jamais arrivée, quoiqu'elle ne soit pas mathématiquement impossible, est hors de toute possibilité morale.

M. le marquis de la Place n'a pas daigné résoudre ce problême ; mais il a recherché avec soin la probabilité de l'erreur dans un jury de douze membres, lorsque la majorité exigée est de huit sur douze ; et il a prouvé que cette probabilité est *un peu moindre qu'un huitième*. Et poussant plus loin ses recherches, il a reconnu que dans le cas de l'unanimité, la probabilité de l'erreur à craindre est de $\frac{1}{8192}$^e, *un huit mille cent quatre-vingt douzième* ; c'est-à-dire, *plus de mille fois moins que dans nos jurys.*

M. le marquis de la Place conclut en ces termes : « Quoi de plus raisonnable que de par-
» tir de la solution du seul problême que nous
» puissions résoudre dans cette matière, celui
» de la probabilité de l'erreur sur la justesse de
» la décision du tribunal ? Cette probabilité *me*
» *paraît trop forte* dans nos tribunaux ; et je
» pense qu'à cet égard, *il convient de se rap-*
» *procher du jury anglais*, où elle n'est que
» de $\frac{1}{8192}$, *un huit mille cent quatre-vingt*
» *douzième.* »

9° Si la probabilité de l'erreur est *trop forte* dans une majorité de huit contre quatre, que n'aurions-nous pas dit de la simple pluralité de sept contre cinq ? Aussi le législateur, après avoir statué que la décision se formera à la majorité pour ou contre l'accusé, excepte aussitôt cette simple majorité : je recommande à toute votre attention l'article 351 du Code, soit parce qu'il a établi cette exception évidemment nécessaire, et déterminé ainsi le point où finit le pouvoir d'absoudre, où commence l'obligation de condamner, soit parce que pour l'établir il a introduit dans notre législation une disposition inouïe jusqu'alors.

Cet article est ainsi conçu : « Si néanmoins » l'accusé n'est déclaré coupable du fait prin- » cipal qu'à une simple majorité, *les juges* » *délibéreront entr'eux sur le même point :* et » si l'avis de la minorité des jurés est adopté » *par la majorité des juges*, de telle sorte » qu'en réunissant le nombre des voix, ce » nombre excède celui de la majorité des jurés » et *de la minorité des juges*, l'avis favorable » à l'accusé prévaudra. »

Vous n'attendez pas que j'approuve cette méthode, qui n'est autre chose qu'une espèce d'appel du jury à la cour d'assises, appel de défaut de droit, comme disaient nos pères. Je veux le jury, rien que le jury. C'est par une innovation tout-à-fait semblable, que le jury a péri en France. C'est à l'introduction de l'appel, qui ne date que de la troisième race; c'est au parlement, dès qu'il se fut constitué cour d'appel, que nous devons la ruine de cette institution primitive, naturelle, et, pour ainsi dire, d'instinct.

Enfin le jury nous a été rendu : et nous avons vu disparaître à son tour cette haute magistrature, plus puissante que la loi, animée d'un esprit de corps trop souvent contraire à l'intérêt général ; qui ne sut conserver ni la confiance du trône, ni la confiance des peuples ; toujours présente, toujours agissante, toujours ambitieuse et jalouse ; insuffisante à son immense ressort, et tronquant l'examen de la plupart des procès, plutôt que de se renfermer dans de justes bornes ; étrangère aux vicissitudes ordinaires de la vie qui rendent les hommes pitoyables ; son zèle et ses vertus même qui tendaient au rigorisme, étaient devenus redoutables : armée tous les jours de la puissance du glaive, investie du privilége exclusif, irrévocable, antisocial, de prononcer à toute heure sur la liberté, l'honneur et la vie de tous les sujets du roi, et de les condamner à des peines arbitraires ; hommes à part, ils étaient pairs entr'eux, mais n'étaient pas nos pairs, et nous ne pouvions les récuser péremptoirement. Leurs jugements, sans aucun recours, étaient comme les arrêts du destin. Jurisconsultes, ils furent dignes de notre estime; hommes d'état, ils le furent souvent de notre reconnaissance; criminalistes, l'histoire leur reproche de fatales erreurs, et nous devons à leur coopération de fatales ordonnances (1). Préservez notre magistrature naissante des écueils où les parlements eux-mêmes ont échoué ! Gardez-vous de lui conserver un pouvoir qui entraînerait de grands maux et sa ruine !

Mais ce pouvoir est-il donc selon la charte? C'est le jury que la charte a conservé; et tout le monde conviendra que cette superfétation, produite par l'article 351, est tout autre chose que le jury.

Ajoutez que les jurés connaissent la disposition de l'article 351 : et l'on assure que lorsque des charges considérables sont venues peser sur l'accusé, les jurés, souvent sans rien

---

(1) Nous placerons à la fin de la première partie de ces essais une analyse des lois qui s'observaient encore en 1789, avant la suppression des parlements.

approfondir, et s'estimant heureux de se dé-
charger d'une obligation pénible à tous les
hommes, conviennent de donner leur déclaration à la majorité de sept contre cinq, et de
remettre ainsi le jugement du procès, et toutes
ses conséquences, à l'arbitrage des cinq magistrats de la cour d'assises.

Il ne m'a pas été facile de saisir le sens de
l'article 351. D'abord je me disais : si l'on omet
par la pensée, la phrase incidente, qui commence par ces mots, *de telle sorte que*, rien
ne me paraît plus clair que la disposition ainsi
dégagée. « Si néanmoins l'accusé n'est déclaré
» coupable du fait principal qu'à une simple
» majorité, les juges délibéreront entr'eux sur
» le même point ; et si l'avis de la minorité des
» jurés est adopté par la majorité des juges.....
» l'avis favorable à l'accusé prévaudra. » Il est
clair, en ce cas, que l'accusé, ayant en sa faveur la minorité des jurés, c'est-à-dire, cinq
voix, et la majorité des juges, c'est-à-dire,
quatre voix au plus et trois voix au moins,
ayant en sa faveur un si grand nombre de voix
des deux côtés, et surtout pouvant opposer
une majorité à une autre, les voix qui lui sont
favorables doivent prévaloir.

Je me disais que cette phrase incidente, *de*

telle sorte que, etc., ne devait pas changer le sens de la phrase principale ; qu'ordinairement ces mots, *de telle sorte que*, *de manière que*, *tellement que*, n'annoncent que la démonstration, l'explication d'une proposition précédente, ou bien un exemple pour la rendre plus sensible.

Je m'appuyais sur la discussion de cet article au corps législatif ; non sur l'exposé de l'orateur du gouvernement, qui s'est contenté d'en répéter la teneur, mais sur le rapport de l'orateur du corps législatif. Le rapporteur a dit : « Pour que le cas prévu par l'article 351 » ait lieu, il faut, 1°.... etc.; 2°...., etc.; 3° que » les juges, se trouvant d'avis contraire à la plu- » ralité des jurés, soient en majorité ; de telle » sorte que leurs suffrages réunis à ceux des » cinq qui composent la majorité des jurés, » donnent une pluralité qui surpasse *celle qui* » *avait condamné.* ».

Il faut corriger d'abord une faute d'impression qui s'est glissée dans cet alinéa, et qui est frappante. Les cinq jurés sur douze qui ont voté pour l'accusé, ne sont pas la majorité du jury; ils en sont, au contraire, la minorité : il faut donc rayer le mot *majorité*, et substituer le mot *minorité*.

Cela posé, le rapporteur veut que l'avis favorable à l'accusé soit adopté, lorsque les jurés sont pour lui en majorité, et lorsque la majorité des juges réunis à la minorité des jurés surpasse la majorité qui avait condamné. Ainsi, lorsque sur cinq juges, quatre ou même trois juges votent en faveur de l'accusé, cette majorité des juges doit être additionnée avec la minorité des jurés qui est de cinq. Dans le premier cas, le total est de neuf voix; dans le second cas, le total est de huit; dans l'un et l'autre, le total surpasse la majorité qui avait condamné, laquelle est de sept voix : donc dans l'un et l'autre cas, l'accusé doit être déclaré non coupable.

Je disais : c'est sur ce rapport ainsi motivé que la commission du corps législatif a donné son assentiment à l'article 351. C'est sur le même rapport que le corps législatif l'a érigé en loi. Si le rapporteur, si la commission, si le corps législatif, si l'orateur du gouvernement, présent à la séance, n'eussent pas entendu l'article dans ce sens, je pensais que les plus puissantes raisons en auraient nécessité la modification. Je concluais que cet article devait être appliqué par les cours d'assises, comme on l'avait entendu en l'adoptant.

Eh bien, je me trompais : le sens de cet article a été fixé, après le plus mûr examen, par un arrêt de la cour de cassation, rendu le 8 janvier 1814, les sections réunies, et sous la la présidence du ministre chef de la magistrature judiciaire.

On a reconnu que la règle en cette matière est écrite dans l'article 347, qui porte que la décision du jury se formera pour ou contre l'accusé à la majorité ; et que le cas, exprimé dans l'article 351 que nous examinons, est une exception à cette règle ; que dès-lors, dans le doute, la phrase incidente, *de telle sorte que*, s'expliquerait dans le sens de la disposition principale ; les exceptions se circonscrivant par la règle générale qui se supplée toujours et n'a pas besoin d'être rappelée dans chaque disposition législative.

On a reconnu que le sens de cette phrase incidente n'est pas obscur ; que cette phrase s'identifie avec la disposition principale ; que d'après les termes de l'article entier, le nombre des voix, parmi les jurés et les juges, doit se réunir, en sorte que l'accusé sera déclaré non coupable, si le nombre des voix qui lui sont favorables excède le nombre des voix qui lui sont contraires. Ainsi, dans le premier cas, l'accusé ayant quatre voix parmi les juges et cinq parmi les jurés, total neuf voix, doit être acquitté, parce que ces neuf voix excèdent les sept voix parmi les jurés et la voix unique parmi les juges, total huit voix, qui lui étaient contraires ; au second cas, et si par le résultat de cette seconde épreuve, l'accusé n'obtient que trois voix sur cinq parmi les juges, il doit être déclaré coupable, parce qu'alors ces trois voix réunies aux cinq voix des jurés, total huit voix, n'excèdent pas les sept voix des jurés et les deux voix des juges, total neuf voix, qui lui sont contraires, et en ce cas il rentre sous l'empire de la règle générale.

Quelques cours d'assises ont aussi hésité long-temps sur le sens de l'article 351 : elles n'élèvent plus aujourd'hui aucune difficulté ; mais toutes font des vœux, et la cour de cassation la première, pour que cet article soit révisé et amendé le plus promptement possible.

N'est-il pas étrange que la loi dise aux magistrats de chaque cour d'assises : Allez délibérer sur le fait principal ; et s'il arrive que vous jugiez à la majorité de trois voix sur cinq que l'accusé n'est pas coupable, au même instant vous déclarerez en pleine audience, et contre votre avis, que l'accusé est coupable, et vous prononcerez sa condamnation?

Qu'un accusé, qui oppose la majorité des juges à la majorité des jurés, ne soit pas condamné, personne ne s'étonnerait d'une telle disposition, qui aurait quelque analogie avec la dernière partie de l'article 347, portant: « En cas d'égalité de voix, l'avis favorable à » l'accusé prévaudra » : mais qui peut trouver bon qu'il soit condamné, lorsqu'il a réuni cinq voix parmi les jurés, et trois voix parmi les juges ; c'est-à-dire, lorsque la majorité ne se trouve acquise contre lui que d'une voix?

Jamais sous l'empire des ordonnances, l'accusé ne fut condamné en dernier ressort à la majorité d'une seule voix. L'article 12, tit. 25 de l'ordonnance de 1670, portait que les jugements passeraient à l'avis le plus doux, si le plus sévère ne prévalait d'une voix dans les procès qui se jugeaient à la charge de l'appel, et de deux dans ceux qui se jugeaient en dernier ressort.

« Les Grecs et les Romains, disait Montes-
» quieu, exigeaient une voix de plus pour con-
» damner. Nos lois en demandent deux. Les
» Grecs prétendaient que leur usage avait été
» établi par les Dieux ; mais c'est le nôtre. »

« C'est un principe qu'il faut au moins deux
» voix pour la condamnation », disait un avis
du conseil d'état du 30 pluviôse an 13, ap-
prouvé le 7 ventôse suivant.

Et sans sortir du Code, dont l'article 351 est
l'objet de cette discussion, nous voyons que
les cours spéciales se composaient de huit
juges, en exécution de l'article 556, afin
que l'accusé ne pût être condamné qu'à la majorité de cinq voix contre trois.

C'est donc pour la première fois, au commencement du dix-neuvième siècle, et c'est
en France, que l'on a fait dépendre l'honneur,
la liberté et la vie des hommes, d'une seule
voix !

Ne perdons pas de vue qu'il existait une
majorité de deux voix contre l'accusé ; que la
loi reconnaissait insuffisante cette majorité ;
que la loi a voulu une seconde épreuve.

Cette seconde épreuve a-t-elle été en quelque partie défavorable à l'accusé ? Nullement,
et néanmoins il est condamné !

Au contraire, cette seconde épreuve a
tourné à l'avantage de l'accusé, et néanmoins
il est condamné !

Deux voix contre lui étaient insuffisantes ; il

n'en reste plus qu'une, et, *sur cette seule voix qui reste*, il est condamné !

10° Pour rendre plus sensibles les observations que je vais consigner dans ce dixième article, je poserai deux hypothèses.

A. est accusé d'avoir fait à P. des blessures, desquelles il est résulté une maladie de plus de vingt jours. A. expose, dans ses défenses, qu'il a fait ces blessures en repoussant pendant la nuit l'effraction du mur de sa maison; et que son action étant mise, par l'article 329 du code pénal, au nombre des cas de la nécessité actuelle de la légitime défense de soi-même, il n'est nullement coupable, et doit être acquitté de l'accusation.

Le président de la cour d'assises, se conformant littéralement à l'article 327 du code, dont l'observation néanmoins n'est pas prescrite à peine de nullité, pose ainsi la question à soumettre aux jurés : A. est-il coupable d'avoir fait à P. des blessures, desquelles il est résulté une maladie de plus de vingt jours ?

Le jury, retiré dans sa chambre, reconnaît comme faits constants : 1° que A. a fait des blessures à P.; 2° que ces blessures ont causé à P. une maladie de plus de vingt jours; 3° que

A n'a commis cette action que pour repousser, pendant la nuit, l'effraction du mur de sa maison. Mais le jury ne peut faire une réponse circonstanciée : obligé de se renfermer dans la question posée, il répond seulement que l'accusé n'est pas coupable, et aussitôt le président le déclare acquitté de l'accusation.

Vous croyez que tout est fini, ou que s'il reste quelque poursuite ultérieure à diriger, ce ne peut être que contre P., pour avoir, pendant la nuit, brisé les clôtures de la maison de A. Sans doute c'est ce qui devrait être ; mais il n'en va pas ainsi. P. était présent à l'audience de la cour ; il avait demandé, comme partie civile, des dommages-intérêts contre A. Il réitère sa demande au moment même où l'accusé vient d'être acquitté : et vous savez qu'en France ce n'est plus aux jurés, comme chez nos pères avant l'envahissement de la haute magistrature, c'est à la cour d'assises qu'il appartient de décider dans tous les cas, s'il est dû, soit à l'accusé, soit à la partie civile, des dommages-intérêts, et de les évaluer. Si cette demande était portée devant le jury, dans notre hypothèse, elle serait infailliblement rejetée. Mais la cour d'assises pourra dire : Nous ne pouvons prononcer sur la demande de P., sans qu'au préalable il n'y ait une décision formelle sur le fait imputé à l'accusé. Le jury, il est vrai, a délibéré sur ce fait, il l'a jugé ; mais en déclarant l'accusé non coupable, il n'a pas répondu négativement sur le fait principal ; il n'a pas dit non plus que l'accusé ait commis l'action dans la nécessité actuelle de la légitime défense de soi-même. Cependant une déclaration précise est un élément nécessaire du jugement que nous devons porter. En nous accordant le droit de statuer sur les dommages-intérêts, la loi nous a nécessairement investi du droit de prononcer sur le fait, dont la décision ne peut pas être prise dans la déclaration négative du jury, délivrée en termes vagues et généraux (1).

La cour d'assises entre donc incontinent en délibération ; et elle juge, 1° que A. a fait des blessures à P. ; 2° que ces blessures ont causé quelque préjudice à P. ; 3° elle juge, contre l'avis non exprimé du jury, que A. les a faites sans motif légitime ; en conséquence, la cour condamne A. en 1,500 francs de dommages-intérêts.

---

(1) Voyez un arrêt de la cour de cassation du 22 juillet 1813.

Autre hypothèse.

A., fonctionnaire public, est accusé du crime de concussion ; on lui impute d'avoir exigé et reçu de P. et de Pp. certaines sommes au-delà de ce qui lui était dû pour l'exercice de ses fonctions. P. et Pp. se sont constitués parties civiles. D'une part, A. nie les faits avancés par P. et Pp. ; d'autre part, les jurés remarquent de la passion et même quelques contradictions dans les déclarations de P. et de Pp. : ils n'aperçoivent, au surplus, d'autres charges que les inculpations de ces deux hommes, parlant, agissant, sollicitant dans leur intérêt. En conséquence, le jury prononce à l'unanimité que l'accusé n'est pas coupable, et l'accusé est acquitté.

Mais P. et Pp. avaient demandé la restitution des sommes qu'ils prétendent leur avoir été extorquées par A., et ils réitèrent cette demande à l'audience : il est hors de doute, dans notre hypothèse, que si elle était soumise au jury, elle serait rejetée à l'unanimité.

Cette demande est portée devant la cour d'assises, qui ne partage pas l'opinion du jury ; et, dans la même séance, il intervient un arrêt qui déclare que A. a reçu de P. et de Pp. les sommes qui ont donné lieu au procès, et le condamne à les leur restituer.

On ne peut pas dire que cet arrêt porte atteinte ouvertement à l'autorité de la chose jugée, puisqu'il est seulement jugé par le jury qu'A. n'est pas coupable, et qu'à la rigueur il se peut qu'A. se soit trompé sans crime sur la quotité des sommes qui lui étaient dues. Mais combien peu cette erreur est vraisemblable! Mais A. n'a-t-il pas nié avoir reçu ces sommes excessives? Mais l'arrêt qui condamne A. à les restituer, ne lui imprime-t-il pas une tache ineffaçable?

Et c'est ainsi, qu'à l'instant même où un fonctionnaire public est honorablement acquitté par le jury, il peut être inévitablement déshonoré par la cour d'assises!

Certes, en mettant en action simultanément le jury et la cour d'assises, il n'est pas entré dans la pensée du législateur d'investir, dans quelque cas que ce soit, ces deux autorités collatérales et indépendantes, du pouvoir de donner, chacune à part et concurremment, une déclaration définitive, et sans aucun recours, sur le même fait, sur les mêmes circonstances atténuantes ou aggravantes, et d'accorder à chacune de ces déclarations l'autorité de la chose jugée, quoiqu'il soit dans la nature des choses humaines que la seconde puisse être quelquefois en partie, quelquefois même en totalité, contraire à la première.

Sans doute, la cour d'assises ne peut fonder une condamnation de dommages-intérêts que sur des faits déclarés constants : mais c'est une très-grande erreur d'en conclure que, dans aucun cas, la cour d'assises soit appelée à remettre en délibération ce qui a été jugé par le jury. Si la décision du jury est générale, si elle est implicite, s'il n'en résulte pas clairement qu'A. ait commis l'action sur laquelle P. et Pp. appuient leur demande en dommages-intérêts, il s'ensuit seulement que cette demande doit être écartée, comme toutes les demandes qui ne sont pas vérifiées. En cela je reconnais aussi que le Code laisse quelque chose à désirer. Mais, 1.º il n'appartient pas aux cours d'assises de corriger la loi; 2.º c'est aggraver le mal, bien loin d'y remédier, que de suppléer à une lacune par l'une des usurpations de pouvoir les plus abusives.

J'oserai proposer deux moyens différents d'amender cette partie du Code.

Premier moyen. L'article 67 porte que les

plaignants peuvent se porter parties civiles en tout état de cause jusqu'à la clôture des débats. Ainsi, lorsqu'avant cette clôture, il s'est présenté une partie civile, il suffira, 1° d'exiger qu'elle prenne des conclusions avant que le jury se retire dans sa chambre pour délibérer ; 2° d'avertir le jury qu'il doit ajouter à la déclaration, *coupable* ou *non coupable*, une déclaration nettement négative ou affirmative, soit du fait principal, soit de telle circonstance sur laquelle la partie civile aura appuyé sa demande en dommages-intérêts.

Le second moyen, beaucoup plus simple, beaucoup plus naturel, est de rendre aux jurés la mission qu'ils ont conservée en Angleterre, d'accorder et de régler, ou de refuser les dommages-intérêts. Cette mission convient à des hommes livrés habituellement aux affaires et aux événements de toute espèce, à qui les diverses transactions sociales sont on ne peut plus familières. Les ordonnances, les codes, les pandectes, les novelles, la glose et les commentateurs n'ont rien appris aux jurisconsultes sur ces questions de fait, sur ces appréciations journalières. C'est pourquoi les magistrats sont obligés, le plus souvent, d'ordonner aux parties de choisir des experts pour examiner, pour estimer certaines choses, et en faire leur rapport. Eh bien, ces experts sont tout choisis ; ils sont en fonctions ; et, ce qui vaut beaucoup mieux, au lieu de trois experts, vous en avez douze.

FIN DE LA PREMIÈRE PARTIE.

ANALYSE

*Des lois qui s'observaient en matière criminelle,
avant la suppression des parlements.*

Les blasphèmes en France étaient punis à l'arbitrage des juges, et les juges prononçaient quelquefois la peine de mort. Voyez un arrêt du 13 mars 1720. Voyez surtout l'arrêt de mort rendu contre le chevalier de la Barre, le 4 juin 1766. Mayard de Vauglans, conseiller au parlement avant la mort de Louis XV, depuis conseiller au grand-conseil, et qui écrivait en 1780, rapporte cet arrêt, *comme le meilleur modèle qu'il puisse proposer aux juges* (1).

Le sacrilége, joint à la superstition et à l'impiété, était puni de mort.

La magie et le sortilége étaient punis exemplairement et suivant l'exigence des cas. Voyez l'édit de 1682 : d'après cette loi, trois bergers

______

(1) *Lois criminelles de France*, in-folio.

de Pacy en Brie furent condamnés à être pendus et ensuite brûlés, pour des sorts jetés sur des bestiaux ; et quoique le père Mallebranche lui-même fût persuadé que les parlements qui renvoyaient les accusations de sorcellerie étaient les plus équitables (1), le même Mayard de Vauglans, qui écrivait long-temps après, crut devoir, au contraire, s'élever avec force contre ces esprits forts, qui niaient l'existence *actuelle* de la magie (en 1780), et se faisaient un prétexte de ce que les exemples d'opérations magiques sont beaucoup plus rares aujourd'hui qu'ils ne l'étaient anciennement, et surtout dans ces temps que l'on appelle siècles d'ignorance. Il ne faut pas croire à tous ces sortiléges, ajoutait-il, mais il ne faut pas être tout-à-fait incrédule (2).

Les prédicants luthériens et calvinistes étaient punis de mort ; et à cette occasion, le même auteur dit que l'édit de Nantes fut *surpris* par les *novateurs* à la *clémence* de Henri IV ; et que Henri IV lui-même avait *tenté* de révoquer cet édit.

---

(1) *Recherche de la vérité*, liv. 2, ch. dern.
(2) *Non est decredendum.*

La non révélation des crimes de lèse-majesté était punie de mort.

Peine de mort pour le crime de désertion des soldats.

Peine de mort pour le vol ou détournement des deniers publics, commis par les receveurs, caissiers, trésoriers, crime que l'on nomme péculat.

Peine arbitraire et quelquefois peine de mort pour le crime de concussion.

Peine de mort pour les outrages, excès, rébellion envers les magistrats et officiers de justice.

Peine de mort contre les voleurs de grands chemins qui avaient assassiné.

Peine de mort contre les voleurs de grands chemins qui n'avaient pas assassiné.

Peine de mort pour le vol avec effraction.

Peine de mort pour le vol dans les maisons royales.

Peine de mort pour le vol domestique.

Peine de mort contre ceux qui étaient allés déguisés et armés par les villes et les campagnes.

Peine de mort pour le viol.

Peine de mort pour le rapt de violence.

Peine de mort pour le rapt de séduction.

Peine de mort pour la bestialité. La raison

et une meilleure éducation ont extirpé ce vice et fait cesser les supplices.

Peine arbitraire et quelquefois peine de mort pour le commerce illicite, lorsque l'indignité et la qualité des coupables paraissaient l'exiger.

Peine de mort pour la supposition d'enfant.

Peine de mort pour la supposition de mari.

Peine de mort contre ceux qui, ayant obtenu l'annulation de leurs vœux, s'étaient mariés avant l'entérinement du rescrit.

Peine de mort contre les filles qui, n'ayant pas déclaré leur grossesse, étaient présumées coupables de la mort de leur enfant.

Peine de mort pour la polygamie. La jurisprudence avait modifié cette peine.

Peine de mort contre les banqueroutiers frauduleux. La jurisprudence avait modéré cette peine.

Peine de mort contre les fonctionnaires publics faussaires.

Peine de mort pour la fabrication et l'usage de faux poinçons, dans les ouvrages d'orfévrerie d'or ou d'argent.

Peine de mort contre les faux témoins indistinctement. La jurisprudence avait introduit quelques distinctions.

Peine de mort contre les contrebandiers et

les débitants de faux sel, attroupés au nombre de cinq.

Dans les autres cas, les contrebandiers et les faux-sauniers étaient punis des galères.

Même peine des galères, dès la première fois, contre ceux qui avaient chassé tant aux cerfs, biches et faons, qu'aux menues bêtes, etc.

Louis XVI, en 1775 et 1776, abolit la peine de mort portée par les anciennes ordonnances contre les déserteurs : et comme la désertion est souvent l'effet d'une inconstance que suit un prompt repentir, il accorda aux déserteurs quelques jours pour revenir aux drapeaux.

Louis XVI, à son avénement au trône, avait autorisé les parlements à ne prononcer que la peine des galères contre les voleurs avec effraction.

L'instruction des procès criminels était non moins informe et non moins barbare.

La dénonciation était secrète.

Les témoins étaient produits par le dénonciateur, qui faisait aussi sa déposition.

Le dénoncé était atteint d'un décret quelconque, qui ne lui annonçait point de quel crime il était prévenu.

Si l'accusé était en fuite, il était jugé par

contumace ; et tandis que l'ordonnance civile défendait aux juges de condamner par défaut quand la demande n'était pas prouvée ; chose étrange ! l'ordonnance criminelle ne disait point que, faute de preuves, l'accusé serait renvoyé : en sorte que s'il s'agissait de quelque argent, le défendeur n'était pas condamné par défaut lorsque la dette n'était pas avérée ; mais s'il s'agissait de la vie, c'était une controverse au barreau de savoir si l'on devait condamner le contumax, quand le crime n'était pas prouvé ; et la loi laissait cette difficulté sans solution, ou plutôt ces termes de la loi, « Le jugement » déclarera la contumace bien instruite, *et contiendra la condamnation de l'accusé,* » semblait ôter aux juges, comme en Italie, le pouvoir d'absoudre les accusés fugitifs.

Le prévenu, mis en arrestation, n'avait droit, dans aucun cas, à sa liberté provisoire sous caution.

On l'interrogeait sans lui faire lecture ni de la dénonciation, ni de la plainte, ni de la réquisition du ministère public.

Il ne pouvait communiquer avec personne après son interrogatoire.

Après le récolement, les témoins lui étaient confrontés l'un après l'autre en secret.

Jusques-là l'accusé n'a pas su leurs noms; il les voit pour la première fois : et cependant il doit sans délai fournir ses reproches avant qu'on lui ait fait lecture de leurs dépositions; c'est-à-dire, énoncer contre le témoin tout ce qui peut faire rejeter, suspecter ou atténuer son témoignage. Ce fut le fameux chancelier Guillaume Poyet, qui, au sujet du procès de l'amiral Chabot, qu'il voulait perdre, fit insérer cette odieuse forme de procéder, dans l'ordonnance de 1539, qu'on appela de son nom la *Guillemine.* Il emprunta cette formalité aux tribunaux de l'inquisition. La dureté de l'ordonnance de 1539 retomba bientôt sur celui qui l'avait portée, dit un auteur presque contemporain (1). Dans le procès qu'on lui fit après sa disgrâce, on le somma de donner ses reproches sur-le-champ, et on l'avertit qu'il ne serait plus à temps après la lecture des dépositions. Poyet se récria, et demanda un délai pour réfléchir sur les reproches qu'il aurait à proposer. On lui répondit: *Subissez la loi que vous avez portée vous-méme* (2). « Et il apprit, dans cette occasion,

---

(1) *Arréts Duluc*, liv. 12, tit. 1er, chap. 11.
(2) *Patere legem quam ipse tuleris.*

» dit Lelaboureur, aumônier du roi, mort en
» 1675 (1), qu'un chancelier se doit considérer
» comme particulier dans les lois qu'il établit,
» et comme celui sur lequel on en peut faire
» la première épreuve. »

L'accusé, dans les confrontations, n'avait
pas le droit d'interpeller lui-même les témoins
sur leur témoignage : il pouvait seulement requérir le juge de les interpeller ; et le juge, qui
procédait seul et en secret, était le seul arbitre
de cette réquisition, ainsi que de toute la confrontation.

La confrontation, en effet, était faite s'il la
jugeait utile ; et dans l'usage il ne confrontait
que les témoins qui lui paraissaient les plus
propres à faire réussir l'accusation. Ceux qui
ne chargeaient pas l'accusé, et qui même s'é-
taient expliqués à sa décharge, ne lui étaient
pas présentés. Les témoins qui le chargeaient
étaient avertis par la loi de persister dans leurs
dépositions, sous peine d'être punis comme
faux témoins ; et nous venons de voir quelle
était la peine du faux témoignage.

Pendant toute cette instruction, l'accusé ne

______

(1) Additions aux *Mémoires de Castelnau*, liv. 7.

pouvait prouver aucun fait tendant à sa justification : c'était seulement lorsque le juge l'avait
terminée, que l'accusé était admis à proposer
ce qu'on appelait ses faits justificatifs ; mais il
ne pouvait les prendre que dans ses interro-
gatoires et ses confrontations, dont on lui re-
fusait néanmoins la communication ; et les
juges admettaient ou refusaient d'admettre la
preuve de ces faits, ainsi qu'ils le jugeaient à
propos : en sorte que si ce malheureux ne se
rappelait pas ce qu'il avait dit, s'il n'avait pas
connu dès lors tous les faits rélatifs à sa défense, ou s'il avait omis de les opposer dans le
trouble que lui causait sa situation, cette ignorance, ce défaut de mémoire et de présence
d'esprit, pouvaient lui coûter la vie.

L'accusé était-il admis à la preuve de ses
faits justificatifs ? il fallait qu'à l'instant même
de la lecture du jugement qui admettait cette
preuve, et quoiqu'il ne pût communiquer avec
personne, il indiquât les témoins qu'il voulait
faire entendre, sinon il était déchu sans retour.

L'accusé ne pouvait réclamer l'assistance
d'aucun conseil, sinon pour crime de péculat, de banqueroute frauduleuse, fausseté de

pièces, etc.; et même, dans ces cas divers, les juges pouvaient accorder ce secours, ou le refuser aux accusés.

Les conclusions du ministère public n'étaient point communiquées à l'accusé.

Lorsque le ministère public avait conclu à une peine afflictive, l'accusé interrogé par le tribunal entier, était forcé de s'asseoir sur une sellette. Sans doute la sellette n'emportait pas l'infamie : « mais on attachait une sorte de » turpitude à cette position. Il était malheu-» reux que ceux qui, par l'événement, étaient » déclarés innocents, en eussent partagé le » déshonneur avec ceux qui étaient jugés cou-» pables. Un honnête homme poursuivi rou-» gissait de cette formalité humiliante (1). »

Lorsque la preuve était *considérable*, sans être *suffisante* (2), tous juges pouvaient or-donner que les accusés fussent appliqués à la question : cette question, qui était donnée pour forcer les accusés de confesser le crime qu'ils persistaient à nier, était appelée pré-

---

(1) Réquisitoire de M. Séguier, contre l'auteur d'un Mémoire pour Simare, Lardoise et Bradier.

(2) Ordonnance de 1670, tit. 19, art. 1er.

paratoire, pour la distinguer de la question préalable, à laquelle on appliquait les accusés condamnés définitivement, pour avoir révélation de leurs complices.

Le ministre Laguette mourut dans la question sous Charles-le-Bel.

Lebrun, condamné, en première instance, à la roue, et depuis reconnu innocent, Lebrun fut mis à la question, brisé dans les tortures, et en mourut.

Louis XVI fit cesser, en 1780, ce moyen affreux de faire périr un innocent faible, et de sauver un coupable robuste.

Lorsque l'impératrice-reine Marie-Thérèse demanda sur cet objet l'avis des jurisconsultes les plus éclairés de ses états, celui qui proposa d'abolir la torture, crut devoir soutenir que le seul cas où elle pût être conservée, était le crime de lèse-majesté. L'impératrice lut son livre et abolit la torture sans aucune réserve. « Une souveraine a osé faire plus qu'un philo- » sophe n'avait osé dire (1). »

La question n'a jamais été pratiquée dans

______

(1) Voltaire.

les États-Unis d'Amérique ; elle a été abolie en Angleterre, en France, dans une grande partie de l'Allemagne : elle est proscrite de toutes les Russies. Nous pouvons espérer que les autres nations banniront aussi ces tortures secrètes, aussi condamnables que les crimes mêmes à la recherche desquels elles sont employées.

Disons enfin que le recours en cassation n'arrêtait pas l'exécution des jugements. Calas et Lally subirent le dernier supplice, aussitôt que leur arrêt leur eut été prononcé : cependant Calas et Lally n'étaient pas coupables, et les arrêts qui les avaient condamnés ont depuis été annullés. Les condamnés n'avaient aucun délai pour recourir à la clémence du roi.

Louis XVI avait proposé une loi qui, mettant un intervalle entre le jugement et l'exécution, aurait prévenu toutes les injustices et donné au coupable condamné les moyens de demander grâce ou commutation de peine. Les parlements n'ont pas enregistré cette loi ; et les femmes seules, en se déclarant enceintes, ont échappé au danger des exécutions précipitées. On cite dans l'espace de moins de vingt ans, notamment trois femmes reconnues innocentes, à qui ce moyen a sauvé la vie.

Telles étaient nos lois pénales, telle était notre procédure criminelle, lorsque l'assemblée constituante supprima les parlements, et décréta que le code pénal serait réformé, « de » manière que les peines soient proportionnées » aux délits; observant qu'elles soient modé-» rées, et ne perdant pas de vue cette maxime, » que *la loi ne peut établir que des peines stric-» tement et évidemment nécessaires* »: maxime tutélaire, qui doit être à jamais gravée dans le cœur de tous les Français.

Elle décréta, de plus, que la procédure par jurés aurait lieu en matière criminelle, et que l'instruction serait faite publiquement.

DEUXIÈME PARTIE.

I.

Du jury anglais.

Dans la première partie de ces Essais, j'ai comparé le jury anglais, et le jury organisé en France par le Code d'instruction criminelle de 1808; j'ai indiqué en quoi les deux jurys se ressemblent, en quoi ils diffèrent; et cette comparaison met en évidence les défauts de notre organisation; mais il ne s'ensuit pas que le jury anglais soit, à mes yeux, au-dessus de toute objection. J'ai la plus profonde vénération pour la nation anglaise, pour ses fortes institutions, et surtout pour l'esprit public qui les vivifie; mais, dans un écrit où nous recherchons de bonne foi les moyens de fermer l'entrée du temple à tous les partis, il est de notre devoir d'exposer les défauts que nous avons remarqués dans le jury que l'on propose ordinairement pour modèle; défauts atténués, sans contredit, par beaucoup de sages précautions, par des antécédents qui ont la force de la loi elle-même, et surtout par le respect pratique, que le magistrat anglais porte à la liberté et aux droits de chacun ; défauts qui, implantés chez nous, pourraient bientôt produire des fruits amers, parce que, chez nous, tous les partis ont essuyé de grands malheurs ; parce que ces malheurs sont encore récents ; parce que les haines, le désir et l'espoir même de la vengeance, ne sont peut-être pas encore éteints dans tous les cœurs.

J'adresse trois objections principales à la législation anglaise sur le jury.

Premièrement, lorsque l'accusé a soutenu à la barre qu'il n'est pas coupable ; et lorsqu'il s'en est rapporté à son pays, c'est-à-dire, au jury par lequel le pays est représenté, le shériff, s'il n'est pas récusé, ou à son défaut le coroner, s'il n'est pas récusé, est tenu de présenter la liste des quarante-huit jurés qu'il a formée.

La formation de la liste de quarante-huit jurés est donc ainsi à la merci d'un seul magistrat ; mais il est dans la nature humaine, que ce magistrat puisse être quelquefois partial, même à son insu. Le shériff, le coroner, sont récusables, il est vrai ; mais ce droit de récusation lui-même, qui est un remède, atteste la possibilité du mal : mieux vaudrait une législation tellement saine qu'elle n'eût pas besoin de remède. Il est extrêmement rare que le shériff ou le coroner soit récusé, cela est encore vrai ; mais il est fâcheux que ce mal puisse arriver même rarement ; et combien l'accusé ne doit-il pas être effrayé lorsqu'il a récusé l'un ou l'autre magistrat, et que sa récusation a été rejetée !

J'ai lu quelque part que le parti de l'opposition a souvent beaucoup d'influence sur le jury dans les crises d'état, et je suis disposé à le croire. Si l'on me disait que sous quelques-uns des ministres du siècle dernier, le parti ministériel exerça dans certaines circonstances une grande influence sur le jury, je serais disposé à le croire également. J'ai lu aussi, qu'en Irlande, pour tenir les catholiques dans cette espèce d'asservissement qui donne lieu à tant de troubles et à tant de châtiments, les shériffs sont nommés à la recommandation des seigneurs irlandais de la religion anglicane ; et que l'on dit communément en Irlande : Le seigneur fait le shériff, le shériff fait le jury, et le jury fait la loi.

Deuxièmement, la liste des quarante-huit jurés est formée par le shériff, pour prononcer

sur le sort des personnes actuellement déte-
nues dans les prisons du comté. Ces prisonniers sont connus ; on connaît également les
crimes qui leur sont imputés. Les jurés peuvent donc être choisis , je ne dis pas pour
juger des procès criminels et des accusés indéfiniment ; mais pour prononcer sur telles
procédures préexistantes et sur tels accusés
connus. Qu'est-ce donc qu'une liste qui peut
être formée en vue des personnes et des crimes qu'on leur impute, que l'on peut composer d'hommes favorables ou contraires à tel
individu déterminé, et par laquelle le shériff
peut influer sur le résultat des procès les plus
notables ? Est-ce là nommer des jurés ? n'est-
ce pas plutôt donner des commissaires ?

Troisièmement, la valeur de l'argent ayant
baissé considérablement et graduellement, le
statut qui veut que nul ne puisse être juré, s'il
ne jouit d'un certain revenu foncier, aurait dû
éprouver des modifications graduelles. Cependant, ce statut n'a pas été renouvelé, au
grand avilissement des jurés, dit Blackstone.
Le même jurisconsulte, dans une autre partie
de ses commentaires , invite le législateur à
vérifier s'il n'est pas nécessaire de rétablir cette
institution dans son ancienne dignité, et si elle

ne se trouve pas encore dégradée par la différence de valeur dans les propriétés.

II.

*Du jury décrété par l'assemblée constituante,
en 1791.*

« Ce n'est pas le jury des Anglais que nous
» vous proposons , disait à l'Assemblée Cons-
» tituante, feu Adrien Duport, rapporteur des
» comités de constitution et de jurisprudence
» criminelle. Nous avions devant nous le grand
» livre de la nature et de la raison ; c'est là
» que nous avons puisé nos principes. »
Après ce début, le rapporteur prend l'es-
sor, s'écarte des routes battues, et fait adopter
des mesures imprudentes ; mais souvent il s'arrête. Tantôt il craint de proposer tel établissement contraire aux idées reçues. Tantôt il
témoigne qu'on ne saurait porter trop d'attention pour ne pas effrayer les citoyens , et ne
pas leur donner une prévention fâcheuse contre l'institution même des jurés. Tantôt il
annonce qu'il fait, à la crainte d'effrayer et
de surcharger les citoyens , un sacrifice bien
douloureux ; que l'humanité désirait plus de

précautions en faveur de l'accusé. « Il ne faut
» pas, disait-il, sacrifier des avantages solides
» et durables à l'idée d'une perfection que le
» temps pourra toujours donner. »

La loi de 1791, conception alternativement
hardie et timide, ne put obtenir que des succès
passagers.

Il existait en effet, des différences notables
et nombreuses entre le jury anglais et le jury
de l'Assemblée Constituante, et malheureusement aucune n'était à l'avantage du jury français.

Premièrement, le jury décrété par cette
asssemblée, se composait de citoyens qui pouvaient ne jouir que d'un revenu de cent cinquante à deux cents francs. Devait-on détourner de leurs travaux ordinaires des hommes
d'une fortune aussi modique, pour les assujétir à un service gratuit et pénible ? Et ne devait-on pas craindre tous les jours les effets
de l'ignorance, de la faiblesse, de la séduction ?

Deuxièmement, il fallait quatre listes de
jurés chaque année, de deux cents personnes
chacune, non compris quatre listes de jurés
spéciaux de vingt-six jurés chacune ; au total
neuf cent quatre jurés par an. Appeler aux

fonctions de jurés un si grand nombre de personnes, c'était se mettre dans la nécessité de faire trop souvent de mauvais choix.

Troisièmement, l'accusé était obligé d'user de son droit de récusation péremptoire sur des jurés absents, et dont on ne lui avait fait connaître que les noms, profession et demeure. Il était exposé à des méprises causées par l'identité de nom, et à récuser un juré pour un autre. Il est tel homme que j'ai vu se mal comporter dans une circonstance remarquable, et dont le nom, qui m'est inconnu, ne m'avertit point combien il m'importe de le rejeter. Absent, je l'admets; présent, je l'eusse récusé tout le premier. « On n'ignore pas, dit Black-» tone, que souvent le seul aspect d'un indi-» vidu et sa manière d'être excitent en nous » des impressions subites et des préjugés dé-» favorables, sans que nous puissions en ren-» dre compte. Et l'on conçoit combien il est » nécessaire qu'un accusé, obligé de défendre » ce qu'il a de plus cher, ait bonne opinion » des jurés qui doivent prononcer sur son » sort, sans quoi il pourrait se déconcerter » entièrement. »

Quatrièmement, l'accusé avait le droit de récuser vingt jurés sans en donner de motif. A cet effet, on lui présentait un tableau de vingt jurés tirés au sort sur la liste de deux cents. Il écartait ceux qui lui étaient suspects. Les jurés récusés étaient remplacés par d'autres également tirés au sort, jusqu'à ce qu'il eût épuisé le nombre de vingt. Il pouvait ainsi arriver, qu'après avoir épuisé son droit de récusation péremptoire, le sort lui amenât pour jurés des hommes qu'il aurait récusés avec empressement et de préférence, si on les eût portés avec les vingt premiers sur le même tableau. La règle essentielle est que l'accusé connaisse d'avance et voie même tous ceux qui sont appelés aux fonctions de jurés, afin qu'il puisse promener son droit de récusation péremptoire sur tous, le faire tomber sur qui il lui plaît ; en un mot, il faut que le tableau ne comprenne aucun juré qu'il n'ait pu frapper de récusation. Cette règle était violée, puisque son droit de récusation était épuisé, avant que le sort eût appelé ceux qui devaient remplacer les vingt jurés récusés : les derniers appelés par le sort, quels qu'ils fussent, ne pouvaient donc plus être récusés péremptoirement.

Cinquièmement, lorsque l'accusé avait usé de ses vingt récusations péremptoires, les récusations qu'il voulait proposer ensuite, dévaient être fondées sur des causes dont le tribunal criminel jugeait la validité. Cette méthode était précisément l'inverse de ce qui se pratique en Angleterre. De cette manière, l'accusé qui avait épuisé son droit de récusation péremptoire, et qui ensuite avait sans succès exercé sur un juré une récusation motivée, devait voir avec inquiétude prendre place parmi les jurés, un homme qui lui était suspect : il devait craindre encore que ce juré n'eût quelque ressentiment d'avoir été cru capable de partialité. En Angleterre, au contraire, on commence par les récusations motivées; parceque si la récusation motivée est admise, le juré est toujours remplacé, rien ne pouvant préjudicier au droit de récusation péremptoire, qui s'exerce toujours au moins sur quarante-huit jurés, et parce que, si la récusation motivée est rejetée, il reste encore à l'accusé un moyen d'éconduire le même juré, qui est d'exercer sur lui le droit de récusation péremptoire.

Sixièmement, le tableau des douze jurés de jugement se formait ainsi, avec le concours des accusés, les premiers jours de chaque mois : puis les douze jurés étaient convoqués pour le quinze du même mois et jours suivants.

Pendant ces quinze, vingt, et vingt-cinq jours, les accusés ou du moins leurs femmes, leurs enfants, leurs parents, leurs amis, leurs complices, avaient le temps d'essayer tous les moyens obscurs et tortueux de se rendre les jurés favorables ; et l'on sut bientôt qu'ils n'en laissaient échapper aucun.

Septièmement, la loi obligeait le président de soumettre au jury des questions qui se classaient, se divisaient et se subdivisaient indéfiniment. On cite notamment un procès où l'on posa trente six mille questions ; le jugement fut cassé et il fallut recommencer.

Huitièmement, la même loi avait fixé la majorité déterminante des voix à dix contre deux ; en sorte qu'un accusé devait être acquitté, lors même que neuf voix sur douze l'avaient dit coupable. Quelle est l'institution qui n'aurait pas été ébranlée par les effets d'une semblable disposition, qu'auraient votée les coupables eux-mêmes, s'ils eussent fait la loi.

III.

Du jury de nivôse an 2 et de brumaire an 4.

La loi de l'assemblée constituante sur l'institution des jurés fut portée dans un temps où l'esprit de démocratie avait déjà pénétré dans toutes nos institutions. Cependant elle fut jugée aristocratique en l'an 2. On la voulut plus populaire; on la rendit plus anarchique.

Le décret du 2 nivôse an 2, appela indistinctement aux fonctions de jurés, tous les citoyens âgés de vingt-cinq ans accomplis. Cette loi, et le code des délits et des peines du 3 brumaire an 4, voulaient que tous les trois mois, on formât une liste de jurés, composée d'autant de citoyens qu'il y avait de milliers d'habitants dans chaque arrondissement ; en sorte que jusqu'à 1500 habitants, on nommait un juré, qu'on en nommait deux, depuis 1501 , jusqu'à 2500, et ainsi de suite. D'après ces dispositions, on faisait, à Paris, tous les 3 mois, une liste de 665 jurés ordinaires, environ ; ce qui faisait par an , environ 2700 jurés ordinaires, non compris quatre listes par an, de 30 jurés spéciaux chacune.

IV.

Du jury proposé par M. Bourguignon.

M. Bourguignon est au premier rang, parmi les magistrats qui ont défendu avec talent, avec constance, disons plus, avec courage et surtout avec succès la belle institution du jury. Ses mémoires, dont le premier fut couronné par l'Institut de France, offrent de très-beaux aperçus, dont j'ai fait et dont je ferai toujours mon profit.

M. Bourguignon veut, qu'à l'imitation des Anglais nous appellions aux fonctions de jurés, les principaux propriétaires d'immeubles : il veut de plus que nous y appellions les principaux banquiers, négociants, rentiers, les propriétaires d'une notable fortune mobiliaire. Il se prononce fortement contre l'intervention du sort dans la formation de la liste des jurés. J'admets chacune de ces propositions.

Mais M. Bourguignon propose ensuite de faire concourir l'autorité administrative et l'autorité judiciaire au choix des jurés. Il charge la première de former la liste générale et de donner son opinion sur l'aptitude de chaque citoyen inscrit. Les magistrats composant le tribunal criminel auront la faculté de choisir sur cette liste générale un certain nombre de citoyens, pour composer le tablean du jury de jugement dans chaque affaire. Les notes dont les administrateurs auront accompagné cette liste, serviront à éclairer le choix réservé aux juges ; et ces derniers, connaissant les difficultés que pourra présenter chaque affaire, appelleront pour la juger, ceux qu'ils croiront le plus en état d'en connaître.

Doit-on confier la formation de la liste des jurés à l'autorité administrative ? doit-on la confier à l'autorité judiciaire ? doit-on la confier à l'une et à l'autre autorités procédant ensemble ou séparément ? Ces questions aujourd'hui sont reconnues beaucoup plus importantes qu'elles ne le paraissaient, lorsque M. Bourguignon écrivait ses mémoires. Nous y reviendrons.

Il ne veut pas que les jurés puissent être obsédés par les sollicitations des personnes que l'accusé est parvenu à mettre dans ses intérêts. Il faut, dit-il, établir un mode de récusation tel que l'accusé ne puisse pas pré-

cisément connaître avant l'ouverture des débats, les jurés qui doivent prononcer sur son
sort.

L'accusé aurait droit de se plaindre d'une
précaution portée trop loin. L'accusé doit connaître la liste des jurés, avant d'exercer son
droit de récusation, cela est incontestable;
mais très-peu de temps auparavant. Les jurés
doivent même être présents lorsque l'accusé
use de son droit, ainsi que cela se pratique aujourd'hui, en Angleterre et en France. Mais
aussitôt que, par le résultat des récusations, le
nombre des jurés est réduit à douze, il faut,
comme le dit aussi M. Bourguignon, en parlant
du jury anglais, il faut que le jury entende le
débat et juge sans désemparer. L'accusé n'ayant
eu ni le temps, ni les moyens de circonvenir
chacun des jurés, les douze jurés ensemble
prononcent avec autant de liberté que d'impartialité.

Pour former le jury de jugement, M. Bourguignon pense que les juges doivent se réunir
le premier du mois; et qu'après avoir pris connaissance de l'acte d'accusation, ils doivent
choisir cent jurés. S'il y a plusieurs affaires de
nature différente à juger dans la même session,
les juges pourront faire plusieurs listes de cent,

ou une seule, selon qu'ils le jugeront convenable.

Dans les trois jours, l'accusé pourra récuser péremptoirement et sans motifs cinquante-deux citoyens portés sur la liste, et l'officier du ministère public pourra en récuser trente, de manière à ne laisser que dix-huit noms ; savoir : douze jurés et six supléants ; ces derniers d'abord pour remplacer les absents, et ensuite, dans les procès de nature à durer plus d'un jour, pour remplacer au besoin ceux qui ne pourraient suivre les débats jusqu'à la fin.

Si l'accusé et la partie publique n'absorbaient pas le nombre de quatre-vingt deux, par les récusations qu'ils sont autorisés à exercer, les juges choisiraient parmi les citoyens non récusés, les douze jurés et les six suppléants.

Indépendamment de mes précédentes observations sur le système de M. Bourguignon, je dois remarquer ici, comme je l'ai fait ailleurs, que former une liste de citoyens investis de la mission spéciale de prononcer sur tel accusé connu, sur tel crime donné, et ne déléguer ces pouvoirs, qu'après avoir pris connaissance et de l'acte d'accusation, et des principales circonstances du procès ; c'est moins proposer des jurés, que donner des commissaires.

Enfin, M. Bourguignon veut que l'accusé soit privé du droit d'exercer des récusations motivées ; les raisons qu'il allègue seraient d'un grand poids, si les récusations motivées ne pouvaient jamais s'exercer qu'après les récusations péremptoires : mais comme régulièrement elles s'exercent les premières, l'accusé peut encore, par le secours de son droit péremptoire, rejeter celui contre qui il aurait dirigé sans succès une récusation motivée. Et c'est même, suivant le témoignage de Blackstone, l'un des principaux motifs qui ont fait accorder à l'accusé le droit ultérieur de récusation péremptoire.

V.

Du jury, proposé par feu le duc de Massa.

Le duc de Massa proposa, le troisième jour complémentaire an 11, qu'il fût formé dans chaque département une liste des douze cents plus imposés ; qu'une première réduction aux deux tiers s'opérât par le sous-préfet, en conseil de sous-préfecture ; qu'il s'en fît une seconde sur ces deux tiers, par le préfet en conseil de préfecture ; que dans cette dernière, un quart de la liste fût retranché par la voie du sort, et l'autre quart par délibération du conseil. Après cette opération, la liste devait être envoyée au président du tribunal criminel.

« Ainsi le choix et le sort concourant ensemble, disait le duc de Massa, se balanceront l'un par l'autre et pourront tempérer réciproquement les inconvénients attachés à chacun d'eux. »

L'auteur de ce projet n'a point dit s'il entendait que la liste des douze cents plus imposés, et la réduction de ces douze cents à quatre cents, se fissent chaque année, ou que ce nombre de quatre cents formât le tableau perpétuel des jurés. Il doit arriver nécessairement chaque année beaucoup de mutations dans un même département. Les douze cents plus imposés d'une année peuvent, par les décès, les changements de domicile, les ventes, les acquisitions, etc., n'être plus, en partie du moins, les douze cents plus imposés des années suivantes. Je crois donc que le duc de Massa voulait que cette liste fût revue, et conséquemment que la réduction se fît tous les ans.

Cependant M. Bourguignon, qui discute dans son second mémoire le projet du duc de Massa, suppose que la liste, une fois réduite à quatre cents, doit former le tableau perpétuel des jurés : et dans cette supposition, il craint qu'à Paris le même juré ne soit convoqué quarante à cinquante fois par année, et quelquefois davantage ; que dans les départements où les affaires criminelles sont moins multipliées, chaque juré néanmoins ne soit obligé de se déplacer et de faire plusieurs voyages chaque année au chef-lieu ; ce qui serait très-pénible et porterait le désordre à son comble.

« Il faut, de deux choses l'une, ou que la première liste excède de beaucoup le nombre de douze cents, dit M. Bourguignon, ou que l'on donne moins de latitude aux récusations des corps administratifs. Il est bien entendu que les réductions n'auront pour objet que d'écarter ceux qui, étant pourvus de toutes les qualités légales, seraient néanmoins signalés par leur immoralité ou leur incapacité notoire. La réduction d'un douzième par le sous-préfet, en conseil de sous-préfecture, et d'un autre douzième par le préfet et son conseil, suffirait pour atteindre ce but ; et pour que cette réduction fût plus utile, il faudrait qu'elle fût faite par délibération et non par le sort ; la liste générale et perpétuelle se trouverait par ce moyen réduite à mille. »

Quelle que soit mon opinion sur quelques parties accessoires du projet du duc de Massa, je me bornerai à dire, quant à présent, que je regarde comme dignes de la plus grande attention ces deux propositions principales ; savoir, de former une seule liste pour le service de toute une année, et de la composer d'un nombre de jurés, qui excède celui qu'il sera nécessaire de convoquer.

VI.

Quelle pourrait être l'organisation du jury de jugement ?

Nous avons examiné les lois de quelques nations modernes, sur le jury de jugement, et les principaux projets proposés pour corriger les défauts de l'institution française. Rien, ce me semble, ne pouvait mieux nous apprendre ce qu'il faut faire, qu'une discussion appuyée sur l'expérience et l'observation, qui nous fît remarquer ce qu'il faut éviter.

L'article 40 de la charte porte que les électeurs qui concourent à là nomination des députés, ne peuvent avoir droit de suffrage, s'ils ne payent une contribution directe de trois cents francs, et s'ils ont moins de trente ans.

Un vœu consigné dans les meilleurs écrits, et qui se manifeste de toutes parts, indique, pour remplir les fonctions de jurés, les mêmes personnes que la charte appelle à concourir à la nomination des députés; on désire que la loi introduise l'esprit de la charte, dans celle de nos institutions qui en doit être le plus intimement pénétrée. Par là, vous imposez les devoirs civiques les plus importants aux hommes qui ont le plus de lumières, d'expérience, de fidélité, le plus puissant intérêt à maintenir l'ordre social, et à réprimer les délits qui y portent atteinte. En appelant les plus imposés, vous aurez les hommes les plus distingués parmi les propriétaires fonciers et les capitalistes, parmi les fonctionnaires publics, parmi les docteurs et licenciés des quatre facultés de droit, médecine, sciences et belles-lettres, parmi les membres et correspondants de l'institut et des autres sociétés savantes, parmi les notaires et avoués, parmi les banquiers, agents de change et marchands, et parmi les employés de toutes les administrations. Par là, vous n'excluez, pour ainsi dire, personne ; car il n'est aucun français bien élevé, qui, avec de l'intelligence, de l'ordre, de l'économie, ne puisse, après un certain temps, prétendre à cette honnête médiocrité, que suppose une contribution de trois cents francs ; quiconque n'y est pas encore parvenu, ou ne réunit pas ces moyens communs de prospérité, n'est pas encore, ou ne sera jamais apte aux fonctions de juré.

Les jurés seront-ils choisis ? seront-ils donnés par le sort ? Le choix et le sort concourront-ils ensemble à la formation de la liste ? Le sort, dit Montesquieu, est de la nature de la démocratie ; le sort ne convient donc ici nullement, et Montesquieu reconnaît presque aussitôt que le sort est défectueux par lui-même.

Les jurés étaient choisis à Rome, en partie aristocratiques, en partie démocratiques (1).

Chez nos pères, les ducs, les comtes et leurs centeniers ne pouvaient prononcer un

____

(1) *Selecti judices.*

jugement, sans prendre, parmi les citoyens les plus notables, des assesseurs connus sous les noms de *Rachinbourgs* ou de *Scabins*. Ces assesseurs, toujours choisis dans la nation de celui contre qui le procès était intenté, ou française ou gauloise, faisaient la (1) sentence; le chef du tribunal la prononçait seulement.

Les jurés sont choisis en Angleterre. Il y a même telle profession, où il est d'usage de ne jamais prendre de jurés, quoique ceux qui l'exercent réunissent souvent toutes les quali‑tés exigées par la loi.

Les jurés étaient choisis en France, ainsi que le voulaient les lois de 1791, de l'an 2 et de l'an 4. Ils sont choisis aujourd'hui, con‑formément aux dispositions du Code d'instruc‑tion criminelle de 1808.

La liste est destinée à donner pour tous les procès criminels, douze jurés au dessus de toute objection. Prétendra-t-on que le sort qui est aveugle, nous amènera toujours ce

---

(1) *Ut missi nostri ubicumque malos scabineos inve‑niunt, ejiciant, et totius populi consensu, in loco eo‑rum eligant.* Cap. an 823.

Nullus causas audire præsumat, nisi qui a duce per conventionem populi, constitutus est ut causas judicet. L. Alam. tit. 14.

résultat nécessaire? On ne livre pas ainsi au hasard la vie des hommes. Dans plusieurs de nos départements, les catholiques sont aux protestants, comme quatre est à deux, comme cinq est à deux. Le sort ne pourrait-il pas donner des hommes connus par un zèle outré, en matière de religion, pour juger un accusé professant un autre culte? Le sort ne pourrait-il pas donner des hommes qu'aveugle l'esprit de parti, pour juger un accusé fameux par quelques actions dans le parti contraire; des hommes de mœurs licencieuses, pour prononcer sur un attentat à la pudeur; d'estimables agriculteurs, sachant lire, écrire, et peu de chose au-delà, pour juger une accusation de péculat, de concussion, de faux en écriture authentique, ou de commerce ou de banque ou de finance, etc.?

Direz-vous que la loi accordera à l'accusé et à l'officier du ministère public un droit quelconque de récusation, et que l'exercice de ce droit servira à corriger la liste? Je répondrai que les récusations ont un tout autre objet. La liste doit en général être formée avec soin, quels que puissent être les accusés et les titres des accusations : viennent ensuite les récusations, mais dans un intérêt spécial, pour approprier la liste à tels accusés, à telles accusations, de manière que cette liste, bonne en général, le soit surtout dans chaque cas particulier.

Direz-vous que le sort formera la liste, et qu'ensuite elle sera réduite par un officier public quelconque, avant d'être livrée aux récusations des parties? Le second procédé pourra corriger en partie, il est vrai, le vice du premier; mais personne ne peut répondre que ces deux opérations, ainsi coordonnées, donneront les jurés que chacun de nous, s'il était accusé, aurait droit d'attendre de la sagesse et de la prévoyance de la loi. Le mode inverse me paraît en tous points préférable. Formez, par le choix, la liste des jurés; lorsque cette opération aura été faite avec soin, il ne devra plus exister aucun motif sensible et qui doive vous arrêter, de préférer tel d'entr'eux à tel autre. Alors, déterminez par la voie du sort les jurés qui devront être successivement convoqués. En un mot, le sort ne peut être régulièrement et légitimement employé que lorsqu'il n'y a aucun motif d'utilité publique de procéder par le choix. C'est ainsi que dans les chambres législatives, composées de l'élite de la France, le choix nomme les commissions et les rapporteurs. Les députations se forment par la voie du sort.

Ceci nous ramène aux principales propositions du duc de Massa, dont j'ai déjà parlé.

Opérons de suite. Choisissons d'abord un certain nombre d'électeurs, que nous destinerons à remplir les fonctions de jurés pendant toute une année. Ayons soin que le nombre des jurés choisis excède le nombre des jurés qu'il faudra convoquer. Laissons ensuite au sort à désigner ceux qui devront être appelés à chacune des quatre sessions.

Nous choisissons chaque année deux cent quarante électeurs.

Le sort ensuite en désigne quarante-huit pour la première session ; reste. . . . 192

Même nombre pour la deuxième session ; reste. 144

Même nombre pour la troisième ; reste. 96

Même nombre pour la quatrième ; reste. 48

Ces quarante-huit qui restent, et qui seront indéterminés jusqu'au dernier moment, ne seront pas convoqués, et les cent quatre-vingt-douze premiers ne le seront qu'une fois.

De cette manière, nous n'aurons en France aucun juré qui ne soit l'un de ces hommes qui paraissent dignes de confiance à plus d'un titre;

Aucun qui n'ait été choisi;

Aucun qui soit appelé à plus d'une session par an;

Aucun qui n'ait été désigné par le sort;

Aucun, par conséquent, que nous ayions pu porter sur la liste, dans le dessein d'influer pour ou contre tels ou tels accusés; car non-seulement il sera toujours incertain, au moment de la formation de la liste, quels seront les jurés récusés à chacune des sessions; mais surtout, et c'est un point essentiel, il sera incertain quels seront ceux des jurés que nous allons choisir, qui seront appelés à chacune des quatre sessions, même à la dernière. La liste se formant avant les premiers jours de chaque année, comment savoir, neuf ou dix mois d'avance, quels seront les quarante-huit jurés sur quatre-vingt-seize que le sort appellera à la dernière session? Qui nous dira, au mois de novembre 1819, quels seront les crimes, quels seront les accusés dont douze de ces quarante-huit jurés auront à s'occuper au mois d'octobre 1820? L'impossibilité d'exercer quelque influence que ce soit dans aucun cas particulier, sera pour nous d'une telle évidence, que nous n'aurons pas même la pensée de l'exercer. Et c'est déjà une grande supériorité que nous obtenons par cette méthode sur notre jury actuel, et même sur le jury des Anglais.

J'avertis une fois pour toutes, qu'à chaque session, et dans les autres cas dont je parlerai dans la suite, le tirage au sort doit se faire par la cour d'assises, en la chambre du conseil, en présence du maire de la ville, ou de son adjoint, et de deux conseillers municipaux. Je sais positivement que ces tirages se sont toujours faits régulièrement par l'une de ces autorités, en présence de l'autre; mais non pas toujours par l'une, en l'absence de l'autre, même dès la première année de l'installation du jury.

En Angleterre, la liste est quelquefois de plus de quarante-huit jurés; et je pense que, comme chez nous on met quelquefois ensemble en jugement quinze ou vingt accusés, la liste devrait être quelquefois portée à soixante; mais dans les cas seulement où les accusés en auraient fait la réquisition formelle, après avoir été avertis qu'ils en ont le droit. Alors les nouveaux jurés seraient pris parmi les électeurs de la même ville; parce qu'il est juste que l'avantage dont jouissent ces derniers, de s'acquitter de toutes leurs fonctions sans déplacement, soit compensé et racheté par l'obligation de fournir à quelques services de plus. Cela se pratique ainsi depuis 1791. Si donc il se présente à juger un procès où les accusés soient au-dessus de tel nombre déterminé, il sera dressé, s'ils le requièrent, une liste supplémentaire de trente-six, ou au moins de vingt-quatre jurés, et l'on en tirera douze au sort, dans la forme indiquée ci-dessus.

Les jurés qui manqueraient à l'appel, seraient remplacés en même temps, par des jurés tirés au sort, sur un nombre double ou triple de jurés, qui auraient été choisis comme les jurés supplémentaires.

A Paris et dans quelques autres villes où il se tient plus d'une session par trimestre, il sera nécessaire de former autant de listes de deux cent quarante jurés, qu'il y a habituellement de sessions par trimestre; et l'on procédera, pour chacune des deux ou trois sessions, comme on doit procéder pour une session unique dans les autres départements.

J'arrive à la plus grande des questions qui s'élèvent sur l'organisation du jury. Par qui la liste des deux cent quarante jurés sera-t-elle formée? Par les préfets? Par les présidents d'assises? Par les préfets et les présidents, opérant ensemble ou séparément?

Nous ne perdons pas de vue que le problème à résoudre est d'empêcher que les factions, les partis, ou tout autre esprit que l'esprit de justice, ne s'empare, non-seulement de quelques espèces d'accusations (nous venons d'y pourvoir), mais des accusations en général.

Le préfet est investi de la police administrative; il est de plus institué officier de police judiciaire. A ces deux titres, il surveille ceux qu'il croit capables de commettre des crimes, et les fait arrêter, lorsqu'il aperçoit des preuves ou des présomptions de culpabilité. Faut-il encore que ce soit lui qui nomme les jurés? Il serait donc ainsi le premier et le dernier terme de la justice; il pourrait donc entreprendre d'en diriger les mouvements vers le but qu'il se serait proposé; il pourrait donc ne me faire arrêter que parce qu'il croirait avoir les moyens de me faire condamner, ou n'essayer les moyens de me faire condamner, que parce qu'il m'aurait fait arrêter, et commettre une injustice pour couvrir une erreur.

Le préfet est le premier magistrat d'un département; son autorité est prédominante; la force armée est à sa réquisition immédiate; il ne peut être mis en jugement que sur un ordre du gouvernement; il est révocable à volonté; de sorte que ses erreurs et les préjudices qu'il peut avoir fait essuyer, peuvent être sans conséquence pour lui seul, pourvu qu'il serve bien le gouvernement. Toutes les garanties sont pour les actes de son administration et pour l'exécution des ordres qu'il a reçus : nulles garanties pour les administrés.

Des pouvoirs aussi étendus, mis à la disposition d'une magistrature aussi élevée, conduiraient à la tyrannie. Qui pourrait se croire à l'abri de la vexation ? Les moyens de s'y soustraire seraient-ils bien nombreux et bien assurés ?

Cette autre opinion, que l'on peut confier le choix des jurés au président de la cour d'assises, avait, en 1808, des partisans très-recommandables. Pour l'appuyer sur des exemples imposants, on n'avait pas manqué de faire observer qu'en Angleterre le shériff, qui nomme les jurés, est un magistrat de l'ordre judiciaire, ayant séance aux assises du comté; et qu'à

Rome, le préteur qui formait la liste des juges, présidait aux jugements publics.

J'écarte d'abord ces deux exemples. Le shériff n'est pas juge à la cour d'assises ; il n'a aucune part à la direction des débats, aucune action sur la délibération du jury. Il n'est, aux assises, qu'un officier d'un rang inférieur. J'ai prouvé ailleurs que la loi qui abandonne la formation de la liste à la merci du shériff, n'est pas au-dessus d'une saine critique, et qu'il serait dangereux de transporter cette méthode imparfaite, dans un pays où elle serait plus imparfaite encore, puisque nous n'avons point de shériff, ni rien qui lui ressemble, et qu'elle serait sans harmonie avec l'entier système.

A l'égard des préteurs, on sait qu'ils étaient élus par le peuple et qu'ils étaient temporaires. Si, dans la république romaine, on crut pouvoir réunir ces emplois divers sur une même tête, il ne s'ensuit pas qu'on le doive dans une monarchie. Si j'insistais sur ce point, je rappellerais comment Verrès nommait les juges, lorsqu'il était préteur en Sicile, etc.

Ces deux exemples écartés, je dirai que cette question fut traitée en 1808, dans le sein même du corps législatif. M. Riboud, rapporteur, objecta avec grande raison, qu'on ne pouvait, sans inconvénient, confier la formation de la liste au président ou aux juges de la cour d'assises, soit parce que les personnes aptes aux fonctions de jurés ne leur sont pas assez connues, soit parce qu'il répugnerait à leur délicatesse de former les listes qui doivent fournir les jurés appelés à coopérer devant eux.

En effet, les présidents des cours d'assises délégués par les cours royales, sont étrangers aux départements où ils viennent exercer leurs éminentes fonctions. On a voulu, à l'exemple des Anglais, prévenir les factions et les partis qui intrigueraient dans les causes importantes, dit Blackstone, si elles n'étaient portées que devant des juges résidant sur les lieux. Ce n'est donc ni aux juges en résidence, ni aux présidents étrangers au pays, que l'on doit demander des jurés: Avec le temps, vous n'auriez plus que des assesseurs de robe courte, que se donneraient des magistrats de robe longue, pour nous servir d'une expression autrefois usitée.

En Angleterre, lorsque le shériff et le coroner ont été récusés, est-ce la cour d'assises qui forme la liste des jurés ? non : la cour charge de ce soin deux personnes désintéressées, que l'on nomme *élisors*.

J'ai prouvé que la loi ouvrirait la porte à beaucoup d'inconvénients, si elle remettait la confection de la liste, soit aux préfets soit aux présidents d'assises ; j'ai donc aussi prouvé, à plus forte raison, qu'elle ne doit pas être remise à ces deux autorités opérant ensemble ou séparement. En effet, qui pourrait répondre que les fautes de l'une seraient toujours réparées par l'autre? Ne serait-ce pas plutôt rendre possibles quelques fautes de plus?

Une loi du 6 germinal an 8 avait donné transitoirement aux juges-de-paix la mission de proposer une liste de jurés triple et réductible. Les juges-de-paix connaissent les électeurs de leur canton. Ils ne font pas corps; ils sont hors de la route des ambitieux. En général, ils furent étrangers aux factions; et dans les grandes crises, aucune plainte ne fut portée contre eux. On ne dit point qu'ils fassent acception de personnes : un juge-de-paix est, lui seul, le tribunal de police de son canton. Seul, il peut prononcer quinze francs d'amende, cinq jours d'emprisonnement, en certains cas, la confiscation des choses mobilières saisies, outre des restitutions et des dommages-intérêts; et l'on n'impute à aucun d'eux d'avoir abusé d'un pou-voir aussi exorbitant. Les juges-de-paix ne sont pas assez élevés pour braver la censure; ils ne sont redoutables à personne. J'ai toujours vu le pauvre aborder avec confiance son juge-de-paix. Ce juge de tous les jours et de toutes les heures, est membre né de toutes les familles et conciliateur de tous les intérêts.

Personne n'honore plus que moi, l'utile et modeste magistrature des juges-de-paix. Cependant, écoutez mes objections et jugez.

D'abord les juges-de-paix sont officiers de police judiciaire : ils sont de plus officiers minis-tériels. Les appositions de scellés et quelques autres actes leur valent des honoraires, qui sont fort peu de chose ordinairement, si ce n'est lorsque ces actes concernent de grands et riches propriétaires.

Enfin l'article 61 de la charte, porte que les juges-de-paix, quoique nommés par le roi, ne sont point inamovibles.

Ne craignez-vous pas que plus d'un juge-de-paix ne se croye obligé désormais de rechercher la bienveillance ou même la protection des personnages de son canton, qui ont du cré-dit à la cour ?

Vous ne voulez, me dira-t-on, ni des préfets, ni des présidents d'assises, ni des juges résidant sur les lieux, ni des juges-de-paix : à quelle autorité vous arrêtez-vous? Cette question ne pourra guères m'être adressée que par des Français. Chez nous, il ne se fait aucun acte sans une grave autorité qui l'ordonne. Homère faisait ainsi intervenir les dieux à tous les faits d'armes du siége de Troie.

Une liste de jurés doit être faite avec connaissance et impartialité : rien de plus, rien de moins. Si vous la demandez à un personnage quelconque, je craindrai l'influence de son autorité, je craindrai qu'il ne soit préoccupé des intérêts de cette autorité.

Il nous faut des experts, et non des magistrats. La liste des jurés est un rapport, et non un jugement ou une ordonnance. Le shériff convoque les jurés, en sa qualité de magistrat; mais il a formé la liste, comme expert assermenté. « Alors, dit Blackstone, le shériff » fait son *rapport* des noms des jurés, dans » la liste qu'il donne sur un morceau de parchemin oblong. . . . Si le shériff n'est point » une personne désintéressée.., on ne s'en *rap-* » *portera* point à lui, pour faire le *rapport* de » l'assemblée... il sera remplacé par le coroner,

» qui est son substitut. Si quelque objection
» a lieu contre le coroner, le *venire* sera
» adressé à deux clercs de la cour, ou à deux
» personnes du comté nommées par la cour,
» et *jurés*.......... Le *rapport* de ces deux per-
» sonnes, nommées *élisors* ou électeurs, sera
» final. »

Vous ne voyez donc dans une liste de jurés,
que le rapport d'un ou deux experts assermentés. Le shériff ne doit pas être ici considéré comme magistrat d'une certaine importance, puisque s'il est récusé, on le remplace
par un magistrat d'un rang inférieur, et que
si celui-ci est récusé, on le remplace par
deux personnes qui ne sont pas même magistrats.

Je lis dans la loi du 5 février 1817, sur les
élections, 1°, que le roi nomme le président
du collége électoral, et les vice-présidents
des sections; 2° que le bureau principal et les
bureaux des sections, outre le président et
les vice-présidents, sont composés, chacun
de quatre scrutateurs et d'un secrétaire.

Je m'empare de ces dispositions, et je veux
que l'un des vice-présidents de section, et
le plus âgé des cinq autres officiers de la même
section, l'un et l'autre indiqués par le sort, se

réunissent, immédiatement après la clôture de la session du collége électoral , et forment ensemble la liste des deux cent quarante jurés. A cet effet, ils formeront chacun une liste de deux cent quarante électeurs ; et ceux qui seront portés sur l'une et l'autre listes, seront nommés jurés. Ces deux officiers opéreront ensuite, ainsi qu'ils le jugeront convenable. S'il y a peu de dissentiment entre eux , l'opération sera bientôt terminée.

Il est aisé de pressentir pourquoi je ne leur adjoins pas dès à présent un troisième officier : celui-ci donnerait aussitôt la prépondérance à l'un sur l'autre, et c'est ce qu'il importe d'éviter. Le premier de ces deux officiers ne vient donc point ici comme magistrat , fonctionnaire ou officier public, révocable à volonté ou inamovible , déployant une autorité quelconque ; il vient uniquement comme investi de la confiance du roi ; il n'est que son mandataire spécial , et c'est tout ce qu'il nous faut : s'il montrait un zèle outré, ce zèle serait contenu dans de justes limites par la présence et la coopération du second officier, qui est honoré des suffrages d'un grand nombre d'électeurs ; et réciproquement. Le premier, au nom du roi, veille plus particulièrement au maintien de la sûreté publique : le second, au nom des administrés, veille plus particulièrement au maintien de la sûreté individuelle. Ces deux intérêts, mis pour ainsi dire en présence, se tempèrent l'un par l'autre, et se fondent dans un même intérêt. Ne pouvant espérer de faire nommer de ces hommes extrêmes dans un sens ou dans un autre, ces deux *élisors*, permettez-moi l'emploi de ce mot, proposeront réciproquement des jurés qui conviennent à tous. Nous n'aurons donc point pour jurés, de ces hommes qui, dans certaines circonstances, pourraient favoriser l'impunité des coupables, ou qui, toujours dociles, toujours complaisants pour l'autorité, seraient disposés à condamner, moins par justice que par égard pour ceux qui auraient suscité l'accusation.

Si nos deux *élisors* ne pouvaient s'entendre que sur un certain nombre de jurés, on appellerait alors pour troisième *élisor*, celui des jurés nommés, qui serait porté le premier sur la liste de deux cent quarante, formée par le plus âgé des deux *élisors*; et tous les trois ensemble completteraient la liste. Il n'y a pas à douter que ce juré nommé le premier, et dans l'intérêt de la sûreté publique, et dans l'intérêt de la sûreté individuelle, ne soit digne de toute notre confiance.

Si nos deux *élisors* ne s'accordaient pas même sur un seul individu, événement moralement impossible, et qu'il est presque ridicule de prévoir (car comment supposer que deux officiers estimés et honorés aillent juqu'à proclamer à l'envi l'un de l'autre à la face de tout le département, qu'ils ne reconnaissent aucun électeur apte à remplir les fonctions de jurés?) En ce cas, on désignerait par la voie du sort, une autre section, et l'on prendrait le vice-président et le plus âgé des cinq officiers de cette section : ces deux nouveaux *élisors* formeraient aussi chacun une liste de deux cent quarante électeurs ; et les électeurs qui seraient portés sur le plus grand nombre de ces quatre listes, seraient nommés jurés. Enfin, si un cinquième *élisor* pouvait être nécessaire, on le nommerait d'après le procédé que j'ai proposé pour le choix d'un troisième *élisor*.

Si le corps électoral n'est pas divisé en sections, le préfet nommera un commissaires spécial, qui procédera avec celui des cinq officiers du bureau que le sort aura désigné. S'il était nécessaire d'assembler quatre *élisors*, le préfet nommerait un second commissaire qui se réunirait aux deux premiers *élisors*, avec un autre des cinq officiers du bureau, qui aurait été désigné par le sort.

Dans l'intervalle d'une assemblée du collége électoral à l'autre, les *élisors* seraient convoqués extraordinairement, et les fonctions *d'élisors* exempteraient, en ce cas, des fonctions de jurés ceux qui auraient leur domicile à une distance notable de la ville chef-lieu du département.

En Angleterre, l'accusé et l'officier du ministère public peuvent exercer contre les jurés les récusations motivées, que partout ailleurs les lois accordent même contre les magistrats des cours souveraines. L'accusé doit en effet pouvoir écarter le juré qui serait le parent, l'allié, le conseil, l'arbitre, le commensal, l'associé, le commis de son dénonciateur. La partie publique doit aussi pouvoir rejeter le juré qui aurait les mêmes rapports avec l'accusé. Ces causes diverses de récusations peuvent toujours se justifier sommairement. Il importe de corriger à cet égard le Code de 1808, et de restituer aux parties un droit non moins nécessaire dans l'intérêt de la société que dans l'intérêt de l'accusé. Les jurés ainsi récusés, seront toujours remplacés avant les récusations péremptoires, dans la forme que j'ai indiquée précédemment pour le remplacement des jurés absents.

En Angleterre, la partie publique n'exerce que les récusations péremptoires que l'accusé délaisse : il peut donc arriver qu'elle n'en exerce aucune ; cela ne me paraît pas juste. La partie publique peut avoir appris que tel juré a des liaisons plus que suspectes avec la femme, la sœur, la fille de l'accusé ; pourra-t-elle alléguer ces motifs de récusations, ou tels autres motifs aussi puissants ? Comment les justifierait-elle ? On doit donc aussi lui accorder la faculté d'exercer un certain nombre de récusations péremptoires, sans être obligée d'en déduire les motifs.

Je donne à l'accusé, ou aux accusés au-dessous d'un certain nombre, le droit de récuser péremptoirement vingt-deux jurés sur quarante-huit. Je donne aux accusés au-dessus de ce nombre, le droit d'en récuser trente sur soixante. La partie publique pourra, dans le premier cas, récuser onze jurés, et quinze dans le second. Les douze premiers jurés sortis de l'urne, et non récusés, composeront le jury. Dans les procès dont les débats devront durer plusieurs jours, deux autres jurés désignés par le même procédé, et non récusés, prendront place avec eux, et seront destinés à suppléer les jurés que quelque accident empêcherait de siéger jusqu'à la fin.

Les procès auxquels peuvent donner lieu les crimes ou délits commis à l'aide d'écrits imprimés et publiés, exigent très-peu de dispositions particulières.

1° Il est, je crois, à désirer qu'avant d'ordonner la mise en jugement des prévenus à la requête de la partie publique, le gouvernement forme une espèce de commission d'examen. Il est dans la nature des choses, que le gouvernement qui ordonne des poursuites, déclare avec précision de quelle offense il se plaint. Quoiqu'en général « ce qui » se traite devant le prince, dit Ayrault, soit » plutôt une connaissance sommaire qu'il veut » avoir de ce qui se passe dans l'état, qu'une » procédure ordinaire, et contestation telle » qu'en un palais »; néanmoins, le rapport d'une telle commission, utile dans beaucoup de cas, pourrait l'être ici, surtout lorsqu'il s'agirait de simples délits. Ce rapport serait le thême dont il ne serait plus permis de s'écarter, et tiendrait lieu de l'acte d'accusation. Sur ce rapport, les parties pourraient être citées à l'audience sans nulle autre instruction préalable. Ce rapport serait remis aux jurés avec le corps du délit, et pourrait leur servir de fanal dans une matière aussi délicate.

2° Il est hors de doute que toutes les fois que les prévenus en feraient la réquisition, les jurés déclareraient s'il y a ou non, des circonstances atténuantes.

3° Ces sortes de procès ne doivent être traités que dans les villes où siégent les cours royales. Là, il y a plus de lumières, plus d'esprit public; on y peut plus qu'ailleurs parvenir à un bon choix de jurés : c'est même immédiatement devant la cour royale et devant douze jurés, que ces procès doivent être portés.

4° Je pense que la liste des jurés doit être plus nombreuse que dans les cas ordinaires, et qu'il faut étendre le droit de récusation péremptoire. La liste sera toujours de soixante jurés. Les accusés ou les prévenus, ou, en matière civile, les défendeurs auront trente récusations péremptoires. L'officier du ministère public, ou, en matière civile, le demandeur en aura quinze.

Nous avons déjà par la voie ordinaire, une liste de quarante-huit jurés pour chaque trimestre. Pour obtenir les douze jurés qui nous manquent, je veux que tous les ans, et dans tous les chefs-lieux des cours royales, les officiers chargés de former la liste ordinaire des deux cent quarante jurés, forment une liste supplémentaire de soixante jurés pris parmi les électeurs de la ville et de l'arrondissement. A chaque trimestre, on en convoquera douze par les mêmes procédés, qui seront employés pour en appeler quarante-huit de la liste de deux cent quarante. Les douze jurés supplémentaires destinés au service du dernier trimestre, seront tirés au sort sur le fonds de vingt-quatre jurés qui nous restent des soixante.

A Paris, et dans quelques autres villes du royaume, il sera formé autant de listes supplémentaires qu'il y a habituellement de sessions dans un trimestre ; et l'on procédera, pour chacune de ces sessions, comme on procéde pour une session unique dans les autres villes.

FIN DE LA DEUXIÈME PARTIE.

TROISIÈME PARTIE.

Les infractions que les lois répriment par des peines plus ou moins graves, sont soumises à trois sortes de jurisdictions.

Les infractions qui entraînent des peines afflictives ou infamantes, et qui sont nommées crimes, sont jugées par les cours d'assises et les jurés.

Celles qui méritent de moindres peines, et qui sont nommées délits, sont jugées par les tribunaux correctionnels.

Les simples contraventions aux réglements ruraux et municipaux, le sont par les tribunaux de police.

Cette organisation est simple, nette et bien tranchée. Au premier aspect rien n'est plus séduisant.

Je parlerai dans cet article de la compétence

respective des cours d'assises et des tribunaux correctionnels.

Et d'abord il ne faut pas croire que les cours d'assises et les chambres de police correctionnelle aient les mêmes droits, chacune dans les limites de ses attibutions ; que l'une ait été créée à l'instar de l'autre, et qu'elles soient gouvernées par les mêmes règles respectives de compétence.

Les cours d'assises sont, en matière pénale, la jurisdiction commune. C'est par cette raison que les cours d'assises jugent, et les crimes, qui entraînent des peines afflictives et infamantes, et les délits connexes, qui n'entraînent que des peines correctionnelles : et l'on appelle délits connexes, ceux qui ont été commis en même temps par plusieurs personnes réunies ; ou par différentes personnes en différents temps et en différents lieux, mais par suite d'un concert formé à l'avance entr'elles ; ou ceux qu'elles ont commis, les uns pour se procurer les moyens de commettre les autres, pour en faciliter, pour en consommer l'exécution, pour en assurer l'impunité.

Par la même raison, lorsque d'après les débats, les circonstances graves qui avaient fait considérer telle action comme un crime, se trouvent éliminées ; lorsque par la déclaration du jury, l'action ne présente plus qu'un simple délit ou même une simple contravention à un réglement de police ; la déclaration du jury n'en est pas moins légale, elle a toute l'autorité de la chose jugée, et la cour d'assises doit prononcer les peines correctionnelles, même les peines de simple police établies par la loi.

De même, lorsque la chambre d'accusation a renvoyé par erreur à la cour d'assises un délit ordinaire qu'elle a considéré comme un crime, si aucune partie ne réclame dans le délai fixé par la loi, contre l'arrêt de renvoi, cette erreur n'a produit qu'une nullité relative, laquelle est couverte par l'acquiescement tacite des parties, et doit céder à l'autorité de la chose jugée ; la cour d'assises est compétente, et si elle ne prononce que les peines établies par la loi, son arrêt est inattaquable.

De même encore, lorsqu'il existait des cours spéciales ou prévôtales, si la chambre d'accusation avait renvoyé par erreur à la cour d'assises une affaire dont la connaissance était attribuée à ces cours ; un tel renvoi ne produisait qu'une nullité relative, qu'effaçait le défaut de réclamation des parties , et qui cédait à l'autorité de l'arrêt de renvoi non attaqué.

Au contraire, lorsqu'une affaire avait été renvoyée devant une cour spéciale ou prévotale ; si par le résultat des débats , le fait se trouvait dépouillé des circonstances qui avaient donné lieu au renvoi, en ce cas, et de plein droit, cette cour, tribunal d'exception, cessait d'être compétente , elle était obligée de renvoyer l'accusé et le procés devant la cour d'assises, jurisdiction commune , laquelle conservait son pouvoir, et devait prononcer , quel que fût le résultat des nouveaux débats.

La compétence des tribunaux correctionnels est soumise à des règles essentiellement différentes. Ces tribunaux n'ont qu'une jurisdiction particulière et restreinte à certains cas. Leurs attributions sont de droit rigoureux. Leur incompétence opère une nullité absolue, qui peut être opposée en tout état de cause.

Ainsi, lorsqu'un individu aura été traduit directement devant un tribunal correctionnel, soit par l'officier du ministère public, soit par une partie civile, pour une action que le code

pénal a rangée parmi les crimes, en vain toutes les parties auront gardé le silence sur l'incompétence du tribunal : en vain ce tribunal,
en jugeant le procès, se sera abstenu de prononcer une peine afflictive ou une peine infamante, et n'aura appliqué que des peines correctionnelles ; les parties ne seront pas liées
par un tel acquiescement, le vice d'incompétence est radical ; et cette restriction de la peine
est elle-même hors des pouvoirs du tribunal.

Ainsi, lorsque la chambre d'accusation de la
cour royale aura renvoyé à la juridiction
correctionnelle la connaissance d'un fait qui est
réputé crime par la loi, et qu'aucune des parties n'aura exercé le recours en cassation contre l'arrêt de renvoi ; cet arrêt devra être exécuté sans doute, mais en ce sens qu'il aura
saisi du procès le tribunal correctionnel ; et en
le saisissant, l'arrêt aura reçu la plénitude de
son exécution. Le tribunal correctionnel, jurisdiction exceptionnelle, n'en sera pas moins
obligé de s'assurer de ses pouvoirs. Dans tous
les cas, il doit délibérer avant tout sur sa propre compétence. Dans le cas particulier, il
aura dû s'abstenir, et délaisser les parties à se
pourvoir ainsi qu'il appartiendra. S'il prenait
connaissance du procès, et si sur l'appel son

jugement était confirmé, la cour de cassation devrait annuler l'arrêt confirmatif, malgré l'acquiescement des parties à leur renvoi devant le tribunal correctionnel, et bien que depuis elles eussent même procédé volontairement devant ce tribunal.

Je ne citerai aucun des arrêts nombreux de la cour de cassation qui ont assigné ces différences ; on les trouve rapportés dans les recueils les plus répandus.

Les tribunaux correctionnels ne sont pas seulement une jurisdiction particulière et d'exception, ils sont encore une jurisdiction sommaire.

Tandis que les cours d'assises sont composées de douze jurés, présidés par cinq magistrats ; tandis qu'en matière civile les chambres d'appel se composent de sept juges au moins, et que si la cause est d'un grand intérêt, elle est jugée solennellement par deux chambres réunies, composées de quatorze conseillers au moins, les tribunaux correctionnels ne se composent en première instance que de trois juges, et de cinq conseillers seulement en cause d'appel. A cette chambre d'appel est aussi attribuée la connaissance des causes sommaires en matière civile.

On sait que devant les cours d'assises, l'instruction a toute l'étendue, toute la plénitude et toute la solennité que les parties peuvent désirer.

L'instruction se fait rapidement devant les tribunaux correctionnels. Le délai entre l'assignation en première instance et le jugement, n'est que de trois jours. Le délai pendant lequel le prévenu a la faculté de former opposition à une condamnation prononcée par défaut, n'est que de cinq jours. Le greffier tient note du serment des témoins, de leurs noms, prénoms, âge, profession et demeure, et de leurs principales déclarations. Ces notes ne lui sont pas dictées par le président ; elles ne sont point lues aux parties ; elles ne sont signées ni par elles ni par le président.

Le délai pour appeler n'est que de dix jours. Lorsque l'une des parties est appelante, et que le procès est porté devant la chambre d'appel de police correctionnelle, l'un des magistrats fait le rapport de l'affaire et lit les notes tenues par le greffier de première instance. Ces notes sont dépourves des caractères qui appellent la confiance des juges et des parties ; c'est pourquoi les auteurs du projet de code criminel, correctionnel, et de police, prévoyant que les parties pourraient refuser de s'en rapporter à ces notes, proposèrent un article portant que sur l'appel les témoins seraient entendus de nouveau, si l'une des parties le réquérait, et que la chambre pourrait même entendre, si elle en était requise par les parties ou par l'officier du ministère public, d'autres témoins que ceux qui auraient été entendus en première instance.

Un motif plus puissant encore rendait nécessaire cet article, ou plutôt un article qui eût été mieux rédigé, et qui eût exigé davantage. Tandis que je suis absent pour donner mes soins à des affaires importantes, on me cite à la police correctionnelle. Au bout de trois jours, je suis condamné par défaut. Le délai de cinq jours qui m'est accordé pour former opposition au jugement, est expiré avant mon retour; il me reste la voie de l'appel, et j'en use. J'expose aux juges d'appel que je n'ai fait ni pu faire entendre en première instance aucun témoin pour ma justification; je demande la permission de produire les témoins qui établiront sur l'appel mes moyens de défense, qui n'ont pas encore été établis, et qu'aucun acte du procès ne peut suppléer. Qui pourrait douter que la loi ne dût obliger les juges à admettre ma réquisition ? Cependant l'article dont nous parlons, ni aucun autre mieux conçu n'a été inséré dans le code ; et les juges d'appel ont le pouvoir discrétionnaire d'admettre ou de refuser une chose évidemment nécessaire.

Soyez certain, me direz-vous, qu'en ce cas les juges ne manqueront pas d'accueillir votre réquisition : je le pense comme vous, et je sais comme vous, qu'en général en France les hommes valent mieux que les institutions ; mais je déplore avec un grand magistrat (1), « la pénible condition des juges exposés trop » souvent au danger de suivre l'équité au lieu » d'une loi positive, de juger de cette équité » par leurs propres idées, par leurs préjugés, » et de s'accoutumer à une justice arbitraire et » sujette à des variations indécentes. Je me » suis souvent félicité, disait encore ce magis- » trat, de vivre dans un parlement où il ne » saurait presque se présenter d'affaire qui ne » fût réglée par quelque loi, soit les ordon- » nances, soit la coutume, soit le droit ro-

____

(1) Le président Bouhier, l'un des quarante de l'académie française.

» main. En suivant ces lois qui ont prévu pres-
» que tous les cas, je ne cours aucun risque
» de m'égarer, et ma conscience est en repos.
» Mais par la raison contraire , je plains ex-
» trêmement les officiers des tribunaux où l'on
» est privé de ces secours, et par conséquent
» du seul moyen qui peut tranquilliser l'esprit
» des juges. »

Disons enfin , sur la jurisdiction correctionnelle, qu'il est possible que tel individu , après
avoir réuni en sa faveur les trois voix du tribunal de première instance, soit condamné,
à la majorité d'une voix, en cause d'appel;
c'est-à-dire, de trois voix contre deux; c'est-
à-dire encore , qu'en additionnant toutes les
voix, il sera condamné, quoiqu'il n'y ait eu
contre lui que trois voix au total, et qu'il ait
eu cinq voix en sa faveur. Il se pourrait encore en ce cas, que les conclusions des deux
officiers du ministère public de première instance et de la chambre d'appel lui eussent été
favorables.

Je n'examinerai point si une organisation
aussi imparfaite peut suffire à l'examen et au
jugement des délits légers ; mais il est certain
que dans l'origine elle n'a pas eu une autre destination. « La police correctionnelle, disait le

» rapporteur du projet de code pénal, en 1791,
» aura pour objet tout ce qui était connu autre-
» fois sous le nom de *petit criminel*; les rixes,
» coups, injures, escroqueries et autres délits
» auxquels les comités ont pensé *qu'il était*
» *impossible d'appliquer la solennité du juré.*
» Elle pourra infliger, après une procédure
» *prompte* et *sommaire*, des peines telles qu'a-
» mendes, injonctions, et même détention
» correctionnelle pendant un temps déter-
» miné. ».

C'est ainsi que chez les Romains le procon-
sul entendait et discutait sans formalité les dénonciations des délits légers (1). Les Anglais
ont aussi leurs tribunaux de conviction *som-*
maire, « dont l'institution, dit Blackstone, a
» pour but l'intérêt des justiciables, qui ob-
» tiennent *promptement* justice, ainsi que des
» francs ténanciers, qui ne sont pas alors ex-
» posés à se déplacer sans cesse pour des *dé-*
» *lits légers.* »

La loi du 25 frimaire, an 8, est le premier

---

(1) *Levia crimina audire et discutere de plano pro-
consulem oportet.* ULPIEN, loi 6, au Digeste, *de accusationibus et inscriptionibus.*

acte qui ait altéré cette organisation primitive. Dix ou douze espèces d'actions que le code pénal de 1791 avait rangées parmi les crimes, et qui entraînaient le jugement par jurés, furent classées par cette loi au nombre des délits, et la connaissance en fut attribuée à la police correctionnelle. Les motifs sont que l'expérience a fait reconnaître la nécessité d'établir une plus juste proportion entre les peines et les délits ; que la multiplicité de certains délits provient uniquement du défaut de proportion, et que l'intérêt social réclame un prompt remède.

Je souscris volontiers à ces motifs ; et le Code pénal de 1810 a peut-être mal fait de réformer en partie cette loi, et de rétablir en partie la rigueur du Code pénal de 1791. Mais était-ce une raison de renvoyer aux tribunaux correctionnels la connaissance de ces espèces d'actions, qui, pendant neuf années entières, avaient subi l'épreuve du jury, auxquelles, par conséquent, pour nous servir des propres expressions du rapporteur de l'assemblée constituante, il n'est pas impossible d'appliquer la solennité du jury ?

Mais c'est surtout le Code d'instruction criminelle de 1808 ; c'est le Code pénal de 1810, qui ont achevé de décomposer le système de l'assemblée constituante. D'après ces lois, les peines correctionnelles sont, dans beaucoup de cas, l'emprisonnement pour cinq années, et même plus, lorsqu'il y a récidive ; l'interdiction des droits civiques, civils et de famille pendant dix ans ; la mise sous la surveillance de la haute police pendant dix ans, des amendes de 3,000 fr., de 5,000 fr., de 6,000 fr., de 10,000 fr., de 20,000 fr., et même plus, en certains cas, non compris les réparations et dommages - intérêts dont l'estimation est arbitraire.

Et quels sont les délits qui donnent lieu à ces condamnations accablantes ? Ce sont, en certains cas, la non-révélation des crimes qui compromettent la sûreté de l'état, certains actes de rébellion, certains attentats à la liberté, les empiétements des autorités administratives et judiciaires, certains actes de péculat, de concussion, certaines tentatives de corruption, certains abus d'autorité, les outrages aux magistrats, la banqueroute simple, l'usure habituelle, et tous les délits commis par la voie de la presse.

C'est donc ainsi que, sur une procédure rapide et sommaire, et à la majorité d'une

seule voix, des magistrats, des citoyens peuvent
être déclarés et jugés ennemis de leur patrie,
rebelles, concussionnaires, corrupteurs, banqueroutiers, usuriers ; c'est ainsi qu'ils peuvent
être entachés et accablés par des condamnations énormes, privés de la liberté pendant
plus de cinq ans, privés pendant dix ans de
droits aussi chers que la liberté !

Je sens combien il doit être difficile de former un tribunal de répression , qui puisse
procéder rapidement, sommairement, et néanmoins mettre en sûreté les droits des particuliers aussi bien que les droits de la cité : et
celui de qui nous recevrons la meilleure solution de ce problême , aura bien mérité de son
roi et de son pays. Mais puisque la difficulté
n'est pas vaincue, c'était une raison de plus
de refuser à des tribunaux imparfaits la connaissance des délits d'une extrême gravité, et
surtout des délits de la presse.

L'Assemblée constituante avait décrété au
nombre de nos droits constitutionnels, que
« nul ne peut être jugé, soit par la voie ci-
» vile, soit par la voie criminelle, pour fait
» d'écrits imprimés et publiés, sans qu'il ait
» été reconnu et déclaré par un jury ; 1° s'il

» y a délit dans l'écrit dénoncé, 2° si la
» personne poursuivie en est coupable. »

Cette assemblée avait ainsi voulu nous préserver du danger auquel nous avons succombé.
« Nous avons tous été d'accord, disait Thou-
» ret, rapporteur, le 9 août 1791, sur les
» principes qui doivent protéger la liberté de
» la presse : et pour l'assurer *contre toute*
» *entreprise de la part des législatures*, nous
» sommes convenus de placer dans l'acte cons-
» titutionnel les mesures qui seront nécessaires
» pour constater les délits. Un des moyens
» les plus efficaces, sera le jugement par
» jurés. »

Nos espérances ont été déçues, et nos tribunaux les moins robustes sont chargés des
procès qui importent le plus à la liberté et
à l'ordre social. Il est évident que les délits
qui ont quelque gravité, sont pour les chambres correctionnelles un trop pesant fardeau.
En vain déployent-elles tous ce quelles ont de
moyens, en vain accordent-elles aux parties
tout ce que la loi ne leur refuse pas. Telle
est leur constitution que les choses que l'on
attend d'elles, forment un contraste sensible
avec les seules choses qu'elles peuvent tenir.

Ajoutons avec Blackstone, que si la dispensation de la justice est totalement confiée à la magistrature, c'est-à-dire, à une classe particulière d'hommes choisis par le prince, et possédant les premières charges de l'état, leurs décisions, malgré leur intégrité naturelle, se ressentiront toujours d'un penchant à favoriser les personnes de leur rang et de leur dignité....

» Tout nouveau tribunal érigé pour la décision des faits, sans l'intervention du jury.... est un pas vers l'aristocratie, le plus oppressif des gouvernements absolus.... Dans tous les pays du continent, à mesure que les peuples ont perdu le bienfait du jugement par jurés, les nobles ont accru leur puissance, jusqu'à ce que l'état ayant été mis en pièces par des factions rivales, il s'est établi, quoique sous l'ombre d'un gouvernement royal, une véritable oligarchie.

» Ainsi et par dessus tout, le vrai citoyen doit à son pays, à ses amis et à sa postérité, il se doit à lui-même de maintenir de toute sa puissance cette précieuse constitution dans tous ses droits, de la rétablir dans son ancienne dignité, si elle se trouvait dégradée par la différence des valeurs dans les propriétés, ou si elle avait d'une autre manière dévié de sa pre-

mière institution ; d'en corriger ce qu'il y a
de défectueux, et surtout de se mettre en
garde, avec une circonspection jalouse, contre
l'introduction de tout mode de jugement......
qui pourrait... saper dans ses fondements, cet
admirable préservatif de la liberté sociale.....!
Quoiqu'au premier aspect, un mode nouveau
puisse offrir quelques avantages (car l'arbitraire en a de très-grands, quand il est exercé
avec justice), songez, songez que les délais
et les légers défauts qui peuvent se rencontrer
dans la forme du jugement par jurés, sont le
prix que les nations libres payent pour leur
liberté... Et ne perdez pas de vue que si les
incursions, sur ce boulevard sacré de la liberté
nationale, peuvent paraître dans les commen-
cements, faibles et peu inquiétantes, il devien-
drait à craindre que, gagnant du terrain *dans
les causes légères*, elles ne vinssent à amener
insensiblement la ruine du jugement par jurés
jusques *dans les questions de la plus haute
importance.»*

Et voilà justement ce qui est arrivé en
France, et ce qu'il s'agit de réparer. Tout
ce que nous venons de dire, démontre que les
attributions respectives des cours d'assises et
des tribunaux correctionnels, qui présentent

au premier coup-d'œil , ainsi que nous l'avons dit au commencement de cet article , un système judiciaire régulier et renfermé dans des limites faciles à saisir , ne sont réellement qu'un système fallacieux , dont les résultats sont tellement déplorables , que si nous y persistions , non-seulement certains délits extrêmement graves ne jouiraient jamais du bénéfice du jugement par jurés ; il arriverait encore que dans un grand nombre de cas , le législateur priverait de ce bénéfice une multitude d'individus , s'il réduisait certaines peines afflictives ou infamantes , à des peines purement correctionnelles , et s'il mettait en pratique cette belle maxime de l'assemblée constituante : que la loi ne peut établir que des peines strictement et évidemment nécessaires.

Je remarque enfin que chacun de nous peut, sans recourir à des poursuites correctionnelles , exercer par la voie civile, l'action en réparation du préjudice qui nous a été causé par un délit : je pense donc que, pour empêcher que le jugement par jurés ne puisse être éludé, la loi que nous demandons doit porter, comme celle de l'assemblée constituante, que l'intervention du jury sera toujours nécessaire lorsque la réparation du préjudice causé par des écrits imprimés et publiés, sera poursuivie, soit par la voie correctionnelle, soit par la voie civile.

II.

De la compétence des tribunaux militaires.

Les cours et les tribunaux ont leur censure, leurs mercuriales. Les ecclésiastiques prononcent les peines canoniques. Les armées de terre et de mer ont tout le pouvoir nécessaire pour le maintien de la discipline et de la subordination. Chaque autorité est soumise au régime intérieur que commandent les besoins du service public : hors de là, tout reste sous l'empire des lois générales. Ainsi, toutes les fois qu'il s'agit d'un crime ou d'un délit commun, soldat, prêtre, magistrat, nul ne doit être exempt de la jurisdiction commune ; et l'on nomme crime ou délit commun, crime ou délit civil, toute infraction grave des lois du royaume, qui nous obligent tous indistinctement.

Nous procédions ainsi en France avant l'année 1790, sauf quelques dispositions particulières que je puis énoncer en peu de mots.

Lorsqu'un soldat était poursuivi pour un

délit commun, la loi voulait que dans l'instruction le juge ordinaire fût assisté d'un officier militaire, qui devait être, ou le major de la place, ou celui du corps de l'accusé.

Lorsqu'un crime ou un délit commun était imputé à un ecclésiastique (crime ou délit que l'on nommait privilégié, tandis que l'on nommait crime ou délit commun, celui qui ne regardait que la discipline ecclésiastique), le juge d'église et le juge royal procédaient concurremment.

Le juge royal se rendait au tribunal ecclésiastique, que l'on nommait officialité; mais il n'y était que l'assesseur du juge d'église. Tous les deux étaient assistés de leurs greffiers. Chacun rédigeait séparément, mais en présence l'un de l'autre, les actes de la procédure. L'official qui présidait interrogeait seul l'accusé; et si le juge royal avait des questions à lui faire, il devait requérir le juge d'église de les proposer. L'instruction conjointe étant achevée, chaque juge, assisté de ses assesseurs, rendait séparément son jugement.

Cette procédure, hérissée de formalités, entraînait des longueurs; et les juges d'église, qui n'avaient fait qu'une étude imparfaite des lois et des formalités, n'instruisaient guères de

procès correctement. L'appel comme d'abus
était le remède, et cet appel se portait au parlement, jurisdiction commune.

En rédigeant l'ordonnance criminelle de
1670, Pussort et le président de Novion étaient
d'avis d'abolir la procédure conjointe, et de
rendre aux juges royaux le droit de juger seuls
les clercs accusés de délits communs, alors
appelés privilégiés ; mais cet avis raisonnable
ne fut pas adopté, « et une loi qui était faite
» pour réformer nos abus, confirma le plus
» ridicule de tous (1). »

Cette procédure abusive fut abolie en 1790 ;
et la même année vit paraître une loi relative
à l'armée, dont les deux dispositions principales sont ainsi conçues : « Les délits civils
» sont ceux commis en contravention aux lois
» générales du royaume, qui obligent indis-
» tinctement tous les habitants de l'empire.
» Ces délits sont du ressort de la justice ordi-
» naire, quand même ils auraient été commis
» par un officier ou un soldat. Cependant, en
» temps de guerre, l'armée étant hors du
» royaume, les personnes qui la composent ,

---

(1) Voltaire.

» celles qui sont attachées à son service ou
» qui la suivent, et qui seront prévenues de
» semblables délits, pourront être jugées par
» la justice militaire, et condamnées par elle
» aux peines prononcées par les lois civiles ».

La guerre fut déclarée en 1792 ; et, par une
loi du 16 mai de la même année, il fut ordonné
que tout délit militaire ou *commun* commis à
l'armée, pendant la guerre, par les individus
qui la composent, ou commis en même temps
par des militaires et des personnes non militaires, serait jugé par les cours martiales, ou
par la police correctionnelle militaire....

On trouve des dispositions semblables dans
la loi du 3 nivose an 2, faite, comme la précédente, pour le temps de guerre, pour l'armée,
les camps, les cantonnements, les garnisons.

A cette loi, et à la loi du 2ᵉ jour complémentaire an 3, portée aussi durant la guerre,
a succédé la loi du 13 brumaire an 5, qui est
la dernière loi générale sur cette matière ; loi
commandée, comme les trois autres, par les
besoins de la guerre. L'article 1ᵉʳ attribue,
jusqu'à la paix, à des conseils de guerre permanents, la connaissance de tous les délits
militaires, commis par des militaires ou par des
individus attachés aux armées : et quoique ni

cet article, ni aucun autre de la même loi, n'expliquent ce qu'on doit entendre par ces mots, *délits militaires ;* quoique par les lois générales du royaume, tout ce qui n'attaque pas immédiatement le devoir, la discipline et la subordination, soit rangé dans la classe des délits communs; cependant, depuis la loi du 13 brumaire an 5, et même encore aujourd'hui, tout militaire est resté justiciable des tribunaux militaires, soit que le délit qui lui est imputé viole les lois particulières auxquelles l'armée est asssujétie, soit qu'il blesse les lois générales de la société.

Au surplus, cette manière tout-à-fait militaire d'interpréter la loi, a depuis été légitimée par l'article 85 de la constitution de l'an 8, qui disait en termes généraux : « Les délits des » militaires sont soumis à des tribunaux spé- » ciaux et à des formes différentes de juge- » ment. » Si les mots *délits militaires* ne comprennent pas les délits communs commis par des militaires, il faut convenir que les mots, *délits des militaires*, comprennent indistinctement les uns et les autres.

C'est par une conséquence nécessaire de cette disposition, qu'il fut jugé, le 9 floréal an 11, par la cour de cassation, qu'un militaire en activité de service, qui injurie verbalement un individu non militaire, est justiciable, non du tribunal de police, mais du conseil de guerre permanent.

Mais on fut bientôt frappé des dangers d'une disposition aussi générale. Un avis du conseil d'état décida que les délits des militaires en congé, ou hors de leurs corps, doivent être jugés par les tribunaux ordinaires.

Un autre avis décida que les officiers disponibles devant être regardés comme en congé, jusqu'au moment où ils reçoivent une destination, doivent être traduits devant les tribunaux ordinaires, lorsqu'ils sont prévenus d'un délit commun.

Un autre avis décida que les délits de chasse commis par des militaires, quoiqu'ils soient en garnison ou présents à leurs corps, intéressant les règles de la police générale, sont soumis à la jurisdiction commune.

Nous sommes encore régis par cette loi du 13 brumaire an 5, ainsi modifiée, et j'ignore pourquoi. La paix est rendue à la France, et la constitution de l'an 8 n'est plus. Non-seulement l'article 85 de cet acte, en ce qui concerne les délits qui blessent les lois générales, n'est pas inséré dans la charte ; non-seulement nous tenons pour maxime que toute disposition qui sort des règles communes, est révoquée de plein droit par la loi postérieurement rendue pour le même objet, lorsque la loi nouvelle ne reproduit pas la même disposition ; il faut dire de plus que la charte n'a conservé que les cours et tribunaux ordinaires actuellement existants ; et sans doute personne ne prétendra que les tribunaux militaires, qui sont appelés en général tribunaux spéciaux par la constitution de l'an 8, doivent néanmoins être assimilés aux tribunaux ordinaires, surtout lorsqu'il s'agit de délits qui troublent l'ordre général de la société.

C'est à l'égard de ces délits, de quelque condition que soient les prévenus et les accusés, qu'il est dit dans la charte, que toute justice émane du roi, qu'elle s'administre par des juges qu'il nomme et qu'il institue, et que les juges nommés par le roi sont inamovibles. Le roi ne nomme pas les juges des tribunaux militaires ; et quoique les conseils de guerre soient permanents, les juges dont ils se composent ne sont pas inamovibles.

On sait que les procès criminels, correctionnels et de police, s'agitent ordinairement entre trois sortes de personnes, la partie publique, la partie civile, et l'accusé ou le préveuu. Ainsi les lois antérieures à la charte ne dispensent pas seulement les militaires de la jurisdiction commune, lorsqu'il s'agit d'un délit commun; elles donnent encore jurisdiction aux tribunaux militaires sur tous les Français qui out à exercer l'action civile résultant d'un pareil délit. Soutenir que ces lois puissent subsister depuis la promulgation de la charte, ce serait soutenir en d'autres termes que tous les Français ne sont pas égaux devant la loi, et que le premier de tous les articles de la charte nous a fait une promesse illusoire.

L'autorité militaire aurait donc encore le pouvoir de nous accorder ou de nous refuser les restitutions et les réparations demandées, et de les évaluer à vil prix ; de nous déclarer accusateurs téméraires et même calomniateurs; de nous condamner à d'énormes dommages-intérêts, de prononcer ainsi contre nous des sentences ruineuses et humiliantes, le tout sans aucun recours à l'autorité civile ; et nous pourrions être ainsi accablés par des hommes qui ne connaissent que très - imparfaitement les dispositions du droit sur les cas ou la preuve testimoniale peut être admise ou refusée ; sur les cas où il faut un commencement de preuve par écrit, sur les présomptions légales, sur les engagements qui naissent des délits et des quasi-délits, sur les cas où la restitution est due ou doit être refusée, sur la réparation civile, sur la responsabilité civile, sur la solidarité, etc.

Nos épouses, nos filles éplorées, seraient donc citées à comparaître dans les camps, dans les citadelles, dans les casernes, dans les cantonnements, pour y déclarer les violences, les turpitudes, les outrages dont elles auraient été les victimes. Ce serait là, ce serait avec l'appareil militaire le plus imposant, que devraient être débattues et jugées des questions de viol, de rapt, de bigamie, d'attentat à la pudeur, d'adultère, etc. Non, jamais, sous un gouvernement régulier, jamais la force armée ne sera constituée juge des actions commises dans l'intérieur de nos maisons, des troubles apportés à la paix domestique, des offenses à la morale privée, etc.

« C'est une règle constante en Angleterre, » dit Delolme, que tous les délits qui se commettent par le soldat contre les individus » des autres classes du peuple, sont de la » compétence du juge civil. Tous les tribunaux

» militaires sont constamment subordonnés à
» ceux du droit civil. »

Je terminerai cet article, en consignant ici
les dispositions principales du code militaire
de 1791, qui sont l'une des meilleures pro-
ductions de l'assemblée constituante.

« 1. Les délits militaires consistent dans
» la violation, définie par la loi, du devoir mi-
» litaire; et la loi détermine les peines qui
» doivent y être appliquées.

» 2. Nul n'est exempt de la loi commune
» et de la jurisdiction des tribunaux, sous
» prétexte du service militaire; et tout délit
» qui n'attaque pas immédiatement le devoir
» ou la discipline ou la subordination mili-
» taire, est un délit commun, dont la con-
» naissance appartient aux juges ordinaires,
» et pour raison duquel le prévenu, soldat,
» sous-officier, ou officier, ne peut être tra-
» duit que devant eux.

» 3. Nul délit n'est militaire, s'il n'a été
» commis par un individu qui fait partie de
» l'armée. Tout autre individu ne peut jamais
» être traduit comme prévenu devant les juges
» délégués par la loi militaire.

» 4. Si, parmi deux ou plusieurs prévenus
» du même délit, il y a un ou plusieurs indi-

» vidus non militaires, la connaissance en ap-
» partient aux juges ordinaires (1).

» 5. Si, dans le même fait, il y a compli-
» cation de délit commun et de délit militaire,
» c'est aux juges ordinaires d'en prendre con-
» naissance.

» 6. Si, pour raison de deux faits, la même
» personne est en même temps prévenue d'un
» délit commun et d'un délit militaire, la
» poursuite en est portée devant les juges or-
» dinaires.

» 7. Lorsque les juges ordinaires connais-
» sent en même temps, par la préférence qui
» leur est accordée, d'un délit commun et d'un
» délit militaire, ils appliqueront les peines de
» l'un et de l'autre, si elles sont compatibles,
» et la plus grave, si elles sont incompatibles.

» 8. Le condamné a le droit de demander
» la cassation du jugement, et le commissaire
» auditeur a le même droit; mais la significa-
» tion doit en être faite dans les trois jours qui
» suivent la lecture du jugement dont on lui
» donnera copie s'il la demande; et dans les

____

(1) Cette disposition, renouvelée par la loi du 22
messidor an 4, est actuellement en vigueur.

» trois jours suivants, la procédure et le ju-
» gement doivent être envoyés au greffe du
» tribunal de cassation , pour en prendre con-
» naissance dans la forme et les délais pres-
» crits à l'égard des jugements criminels en
» général. »

III.

Des plaintes en suppression d'état.

Les articles 326 et 327 du code civil méritent une discussion particulière, qui se place
ici d'elle-même. Suivant ces articles , la question d'état doit être jugée par les tribunaux civils et par la voie civile, avant que l'action criminelle contre le délit de suppression d'état,
puisse commencer.

Les motifs de cette disposition , qui, comme
on le voit, est une exception au droit commun, se peuvent exposer en peu de mots.
Trop souvent l'action en suppression d'état,
que certaines personnes intentaient par la voie
criminelle , n'était qu'un détour imaginé pour
acquérir, par la voie de l'information au criminel, la preuve d'un état qu'il n'était pas permis de prouver par enquête au civil. Dans ce
cas, les juges ne manquaient pas d'annuler la

procédure criminelle. Mais la difficulté consistait à découvrir quel était le but de la plainte en suppression d'état ; si cette plainte était sérieuse ou n'était que feinte. Aujourd'hui le code civil veut que, sérieuse ou non, l'action criminelle en suppression d'état demeure toujours en suspens, jusqu'à ce que les juges civils aient prononcé définitivement sur la filiation réclamée. En thèse générale, toute personne lésée par quelque crime que ce soit, peut en poursuivre la réparation sans recourir à la voie criminelle. Un procès civil en suppression d'état n'est donc point une forme de procéder hors du droit commun. Si la loi tient en suspens l'action criminelle, elle laisse un libre cours à l'action civile, et de plus elle déclare par l'article suivant l'action civile imprescriptible. La loi veut donc que la personne lésée par un crime de suppression d'état, puisse user toujours, et ne puisse jamais abuser du droit qui lui appartient d'en poursuivre la réparation civile.

La loi a-t-elle pourvu avec la même prudence au maintien des droits de la société ?

Considérons que cet article est général, absolu ; que conséquemment il suspend non-seu-

lement les poursuites criminelles provoquées par la partie civile, qu'il suspend encore les poursuites d'office de la partie publique. La discussion du conseil d'état nous apprend que par cette disposition on a voulu empêcher qu'un jugement criminel ne déterminât le jugement civil, ou que deux tribunaux ne prononçassent différemment sur le même fait. « Il faut, disait feu M. Tronchet, qu'au civil il soit décidé,
» d'abord si la preuve par témoins est admis-
» sible (d'après la règle établie par les arti-
» cles 322 , 324, et 325); et dans le cas
» où elle aurait été admise, si elle est con-
» cluante. Il faut que, si la réclamation d'état
» n'est pas justifiée, il ne puisse plus y avoir
» lieu à l'action criminelle..... L'intérêt de la
» société, disait le rapporteur du Tribunat,
» est, sans contredit, que les crimes soient
» réprimés, et que les preuves qui contri-
» buent à leur réparation ne dépérissent pas;
» mais un plus grand intérèt commande que
» le repos de la société ne soit pas troublé,
» sous prétexte de l'affermir. »

C'est pourquoi la cour de cassation a jugé que cet article 327 doit être opposé à la partie publique agissant d'office : elle a même considéré qu'il s'applique d'une manière principale etspéciale à la partie publique, qui seule a droit d'exercer et de poursuivre l'action criminelle ; que si la partie civile participe aussi à l'exercice de cette action, cette participation n'est qu'un accessoire qui ne peu avoir d'effet sans le concours de l'action publique.

Il y a plus ; quoique cet article 527 ne parle des questions d'état que sous le rapport de la filiation ; et que, placé sous le titre des preuves de la filiation des enfants légitimes, il puisse paraître s'y référer uniquement, la cour de cassation a néanmoins jugé que les tribunaux criminels ont les mains liées, lorsque le crime de suppression d'état a été commis dans des actes de mariage ou de décès, tant que cette suppression n'a pas été constatée par la voie civile.

Cette discussion, ces discours, ces arrêts, et surtout la généralité des expressions des articles 526 et 527, démontrent donc que l'action d'office et l'action accessoire de la partie civile, tout doit dormir jusqu'au jugement civil sur la question d'état, et je ne puis sur ce point partager l'opinion soutenue par le procureur-général en la cour de cassation, en l'an XII et en 1813.

Mais je pense comme lui sur les maux qu'entraîne cette innovation.

In vitium ducit culpæ fuga.

D'abord on ne peut nier que le coupable, quel qu'il soit, aura pour lui les délais, les incidents, toutes les chances d'un procès civil et le choix du moment le plus opportun pour soustraire sa personne et ses biens à la réparation publique.

Le crime de suppression d'état a-t-il été commis par un fonctionnaire public, à l'aide d'un faux en écriture authentique et publique? Les travaux forcés et la flétrissure sont la peine d'un si grand crime. Si cependant aucune partie intéressée ne peut ou ne veut intenter l'action civile (et combien de fois cela n'est-il pas arrivé)? le faussaire devra précisément son impunité à l'affreuse circonstance qu'il a commis son crime dans l'acte le plus important de la vie sociale.

Voyez l'arrêt de la section des requêtes du 5o mars 1815. Il paraît qu'un faussaire, après être parvenu, par des procédés chimiques, à supprimer sur des registres publics, 1° un acte de mariage; 2° un acte de naissance; 5° un acte de décès, a fabriqué, sur le premier de ces registres, un acte de mariage entre lui et une femme qui n'a jamais existé : quatrième crime ; que par un faux acte de naissance, inscrit sur le deuxième registre, il a donné à son fils adultérin le titre d'enfant de ce prétendu mariage : cinquième crime ; et qu'il a consommé cette série de crimes par un faux acte de décès de cette fausse épouse et mère, inscrit par lui sur un troisième registre.

Qui viendra, du vivant de ce faussaire, constater ces crimes par la voie civile, demandait le procureur-général ?

Ce ne sera pas assurément ce faussaire.

Ce ne sera pas la famille d'une femme qui n'a jamais existé.

Ce ne sera pas la famille du faussaire ; car tant que celui-ci vivra, ni ses parents collatéraux, ni même cet enfant adultérin n'auront rien à réclamer sur ses biens, ils n'auront aucun intérêt formé et présent ; ils ne seraient pas recevables. Ce ne sera donc qu'après la mort du faussaire, qu'ils pourront être admis à faire juger que ce fils n'est pas né d'un mariage légitime, et qu'il est le fruit d'un commerce adultérin.

Mais une fois le coupable mort, le crime est éteint.

Le titre 7 du Code civil, de la paternité et de la filiation, fut promulgué le 2 avril 1803 ; et dès le mois de juin de l'année suivante, la cour de cassation se trouva obligée de consacrer l'impunité possible de deux crimes de suppression d'état commis à l'aide de faux actes de l'état civil. Le dernier motif de l'arrêt rendu le 20 prairial an XII est ainsi conçu : « Attendu qu'il n'appartient point aux tribu-» naux d'apprécier la sagesse des lois, et que » leur devoir est d'en respecter et d'en faire » exécuter les dispositions. »

Les arrêts du 9 février 1807, du 25 novembre 1808, du 22 décembre suivant, du 2 mars 1809, du 9 février 1810, du 21 août 1812, du 30 mars 1813, du 21 mai suivant, etc., sont d'autres exemples d'une impunité qui va croissant, à mesure que les faussaires connaissent mieux la protection que leur accordent les articles 326 et 327 du code civil.

L'arrêt du 21 mai 1813 offrait deux circonstances remarquables. La femme du faussaire avait nommé dans sa plainte la personne qui avait eu d'un commerce adultérin avec son mari, un enfant que celui-ci avait ensuite présenté à l'officier de l'état civil, comme né de son mariage avec la plaignante. Ce mari avait fait deux fois judiciairement l'aveu de son crime, qu'au surplus il n'aurait pas pu contester, une fois devant le maire, officier de police judiciaire, en présence de sa femme, une seconde fois devant le juge d'instruction.

Il faut espérer que nous sortirons de cette législation malfaisante, conçue sans doute dans le louable dessein d'affermir l'état des familles, mais qui le mine réellement et le dénature, en assurant l'impunité aux faussaires les plus dangereux ; législation, au surplus, qui n'est plus en harmonie avec la législation criminelle de 1808.

Lorsque le Code civil fut rédigé et promulgué, le Code d'instruction criminelle de 1808 et la loi organique du 20 avril 1810 n'existaient pas. Les tribunaux criminels et les tribunaux civils étaient étrangers les uns aux autres ; et cette séparation pouvait entraîner des abus. On pouvait craindre alors que l'état des personnes ne reçût quelques atteintes de certains magistrats de sûreté, de certains directeurs du jury, alors seuls modérateurs peu rassurants des premières poursuites criminelles.

Aujourd'hui, les mêmes magistrats sont les ministres de l'une et l'autre jurisdiction. Aujourd'hui, les cours royales peuvent se saisir immédiatement de la première instruction criminelle, et des premières poursuites. Aujourd'hui, dans les matières les plus graves, les plaintes doivent être admises, et les premiers réglements doivent être délibérés dans la réunion des deux chambres de mise en accusation et d'appel de police correctionnelle.

Aujourd'hui donc, lorsqu'on voudra revenir sur les dispositions des articles 326 et 327 du Code civil, en ce qui concerne l'action publique, ne pourra-t-on pas admettre comme règle invariable, 1° que lorsqu'il s'agira de l'état des personnes, les poursuites d'office ne pourront être provoquées que par le procureur-général de la cour royale compétente, après qu'il aura pris l'avis des autres gens du roi, assemblés au parquet; 2° que la permission d'informer ne pourra être accordée, que l'information ne pourra être appréciée, et que la mise en accusation ne pourra être déclarée, que dans la réunion des deux chambres de mise en accusation et d'appel de police correction-

nelle ; 3° que le recours en cassation sera ouvert aux parties intéressées , comme dans les
autres cas , et de plus , pour violation ou
omission des formes particulières à cette matière ?

Cette circonspection , ces solennités paraîtront peut-être donner des garanties suffisantes. Aucun intérêt réel ne me paraît
sacrifié. La partie civile et la partie publique
peuvent agir dès le premier moment ; mais
l'exercice de chaque action est modéré par
des réglemens qui lui sont appropriés. L'impunité des crimes n'est plus assurée par des
obstacles inconsidérément apportés à l'exercice de l'action publique. D'autre part, l'intérêt des familles obtient une protection spéciale, puisqu'on n'introduit pas légèrement
la preuve testimoniale, et que les téméraires
accusateurs ne peuvent éviter d'être éconduits ;
puisqu'on ne commet aux juges que cette
autorité discrétionnaire, dont ils usent toujours
avec mesure dans des circonstances aussi
graves ; puisqu'enfin vous ne la commettez
qu'à des magistrats d'un ordre supérieur. Déjà
partie de ces moyens sont employés avec
avantage lorsque de hauts intérêts l'exigent.
Des formes sévères, des discussions préala

bles et réitérées , de grandes solennités , point
de prohibitions inflexibles.

IV.

Des mandats de comparution, d'amener, de dépôt et d'arrêt.

On a souvent demandé, et je demanderai
aussi pourquoi nos modernes législateurs ne
veulent pas que les citations et les ordres d'arrestation provisoire contiennent l'énonciation
du crime dénoncé ; tandis que le Code de procédure civile exige, sous peine de nullité, que
l'exploit d'ajournement, même pour le plus
mince intérêt, contienne l'énonciation du fait
qui donne lieu à la demande ?

Celui que vous évoquez est innocent ou
coupable : dans ce dernier cas, votre réticence
ne lui cache rien ; et l'énonciation du fait ne
lui eût rien appris prématurément ; car ce fait,
il le savait avant vous, et mieux que vous.

Mais s'il est innocent, ne deviez-vous pas lui
faire connaître ce fait au plus tôt, afin qu'il pût
au plus tôt se justifier, et vous mettre au plus tôt
en état de délaisser une poursuite purement
vexatoire ? votre précaution est donc évidem-

ment inutile, si le prévenu est coupable; elle est évidemment inutile et nuisible s'il est innocent.

Pénétrons ensemble, à la suite de l'exécuteur de vos ordres, dans l'asile de cet homme innocent : quel effrayant message et quel spectacle! tout décèle le tumulte de ses idées, les craintes vagues qui viennent l'assiéger, les angoisses de sa famille. On s'assemble, on s'agite; la pensée se porte aussitôt sur les ennemis, les envieux, les délateurs que l'on a cru remarquer dans le cours de la vie. Que de soupçons injustes que de vaines terreurs un seul mot eût pu prévenir !

Mais surtout, cette mesure offense une des premieres régles du droit naturel. Le droit d'attaquer est-il donc plus sacré que le droit de se défendre ? l'assaillant a eu le choix du moment et des moyens ; et le prévenu n'a pas le temps de se reconnaître ; il est pris au dépourvu : c'est en effet me priver du droit de me défendre, c'est une chose humiliante, c'est un acte de tyrannie que de m'obliger de répondre soudain à une imputation soudaine! Et parmi les juges d'instruction eux-mêmes, en est-il beaucoup qui puissent nous assurer qu'ils répondraient toujours pertinemment à de semblables interpellations?

N'opprimez pas par de subites accusations celui que vous appelez en jugement, dit le jurisconsulte Paul (1).

C'était là un de ces attentats, que Cicéron reprochait à Verrès. Les habitants d'Agrigente étaient accusés par Apronius d'avoir agi contre l'édit du préteur. En quoi, demandent-ils ? je le dirai devant les juges, répond Apronius. Aussitôt il prie le préteur Verrès de commettre des juges pour en connaître ; et Verrès commet des juges pour déclarer s'il est constant que les Agrigentins ont fait contre son édit, ce qu'Apronius offrait de dire en jugement. (2)

Et Cicéron s'écrie dans une généreuse indignation : Quelle plus grande injustice, quelle plus grande calamité qu'une accusation inattendue (3) !

Je n'ai pas besoin de dire que les Anglais se sont encore préservés dans cette circonstance de toute mesure oppressive. Blackstone dit, quelque part, que *l'arrêt* consiste à

---

(1) Ne hi qui defendendi sunt, subitis accusatorum criminibus opprimantur. Sentent. lib. 5.

(2) Si pateret Agrigentes adversùs edictum fecisse quæ in judicio Apronius dicturus esset.

(3) Quid injustius, quid calamitosius insimulatione repentinâ !

s'assurer de la personnne d'un prévenu, pour le forcer de se présenter et de se justifier du délit qu'on lui impute ou dont on le soupçonne. que le *mandat d'arrêt*, le décret, doit.... indiquer... *le motif qui l'a fait décerner*... et contenir injonction de conduire le prévenu devant le juge-de-paix.

Cette règle était prescrite par la loi 3 au digeste, *de accusationibus et inscriptionibus*. « Mais la chance a bien tourné, dit Ayrault; » si bien qu'il faut que l'accusé réponde pre- » mier qu'il sache dont on l'accuse. D'où vient » celà ? vient-il des Goths ? non : car il appert » par le 13e article de l'édit de Théodoric, » qu'ils suivoient encore l'ancienne façon des » Romains. Vient-il d'un vieil stile de nos » majeurs ? Rien moins, car j'ai eu en main » des registres et procédures criminelles faites » en 1482, où j'ai observé qu'à toutes les in- » formations est attaché le libelle baillé par la » partie contenant tout ce qu'y désire le juris- » consulte Paul en cette loi 3e, au digeste, *de* » *accusationibus et inscriptionibus*... Ç'a donc » été M. le chancelier Poyet, qui a introduit » cette façon que nous tenons.... C'est véri- » tablement couper la gorge à l'accusé, que de » lui tenir secret ce dont on le veut accuser....

» Il ne faut point dire que l'accusé au contraire
» controuvera des finesses, des tromperies,
» des cavillations, des élognes pour pallier et
» déguiser la vérité; car il faut bien trouver
» des remèdes à cela, mais non pas tels dont
» l'ordonnance et l'application générale puisse
» aussi bien circonvenir l'innocent que sur-
» prendre et prendre au piége le malfaiteur... »

L'Assemblée constituante et les législatures suivantes ont-elles corrigé ce vice de notre législation antérieure? C'est ce qu'il importe d'examiner.

Nous venons de voir que chez les Anglais le décret, le mandat d'arrêt, doivent indiquer le motif qui les fait décerner. La loi de 1791 et le Code de 1808 veulent aussi que le mandat d'arrêt contienne l'énonciation du fait et même la citation de la loi qui déclare que le fait est un crime ou un délit: et l'article 112 de cette dernière loi veut de plus que l'inobservation des formalités prescrites pour les mandats d'arrêt, soit toujours punie d'une amende de 50 francs au moins contre le greffier; et s'il y a lieu, d'injonctions au juge d'instruction et au procureur du roi, même de prise à partie s'il y échet.

Au premier aspect les deux législations

paraissent identiques, du moins en ce qui concerne l'énonciation du fait ; mais l'identité n'est
qu'apparente. Remarquez que l'ordre de se
saisir du prévenu et de le conduire devant le
magistrat, est nommé décret, mandat d'arrêt
en Angleterre, et que nous donnons à cet
ordre le nom de mandat d'amener. Remarquez
encore que nous donnons, peut-être improprement, le nom de mandat d'arrêt à l'ordre d'é-
crouer le prévenu déjà arrêté, lorsqu'ils n'a
pas entièrement détruit les inculpations qui
ont donné lieu aux poursuites. Nous exigeons
donc que cet ordre d'écrouer contienne l'énonciation du fait, ce qui est évidemment nécessaire ; mais nous n'exigeons pas, dans notre
mandat d'amener, qui est le mandat d'arrêt
des Anglais, la même formalité à laquelle les
Anglais ont assujéti le même acte.

Je présume que notre mandat d'amener n'est
affranchi de cette formalité que par un défaut
de rédaction. Je pense que le rédacteur de ces
articles, averti de changer les noms et de conserver les choses, a soumis, il est vrai, le
mandat d'arrêt français à la formalité exigée
dans le mandat d'arrêt anglais ; mais qu'il n'a
pas fait attention qu'il fallait encore reporter
la même formalité dans notre mandat d'amener,

qui n'est autre chose que le mandat d'arrêt anglais. Je puis citer plusieurs exemples de semblables inexactitudes (1).

Quoi qu'il en soit de mes conjectures, il reste démontré que notre loi évidemment imparfaite doit être incessamment corrigée.

Je demande que tout mandat de comparu-

---

(1) L'article 119 du Code, dit: « S'il avait résulté du » délit un dommage civil appréciable en argent, le » cautionnement sera triple de la valeur du dommage, » ainsi qu'il sera arbitré pour cet effet seulement par le » *juge-d'instruction.* » Cette rédaction est fautive. Le projet de Code criminel proposait d'attribuer au seul magistrat, chargé de l'instruction, le pouvoir de statuer dans tous les cas prévus par les chapitres 8 et 9 du Code. On a pensé avec raison qu'il était préférable de ne confier ce pouvoir qu'au tribunal entier réuni en la chambre du conseil. En conséquence, on a dû substituer dans ces deux chapitres, ces mots *chambre du conseil*, aux mots *juge d'instruction*, partout où il s'agit, non d'une instruction à diriger, ou de poursuites à ordonner, mais d'une décision quelconque à porter. On a oublié de faire cette correction dans l'article 119.

On a également oublié de la faire dans l'article 559, qui réserve aux parties la faculté de se pourvoir pour incompétence devant la cour royale, contre la décision portée par le tribunal de première instance, ou le *juge d'instruction.* Il fallait rayer ces mots, *ou le juge d'instruction.*

tion contienne, sous peine de nullité, le fait pour lequel il est délivré, et que l'officier de police judiciaire qui aura contrevenu à cette règle soit censuré, même la première fois, par la cour d'assises, dans les termes prescrits par l'article 281 du Code de 1808.

Je demande que l'officier de police judiciaire, ou tout autre fonctionnaire public qui aura délivré un mandat d'amener, un mandat de dépôt ou un mandat d'arrêt, qui ne contiendrait pas cette énonciation, le greffier qui l'aura scellé, l'officier ministériel, le greffier des prisons, le concierge, qui se seront prêtés à l'exécution d'un tel mandat, les municipaux qui auront refusé de mettre le prévenu en liberté, et d'en dresser procès-verbal, soient poursuivis et punis comme coupables et complices d'arrestation ou de détention arbitraire.

N'oublions pas que le président de la cour d'assises est investi du pouvoir d'appeler pendant le cours des débats de nouveaux témoins, *même par mandat d'améner*, et il n'est pas dit que ce mandat sera motivé. La mesure est bonne en elle-même sans doute ; mais prenons garde que ce mandat et l'arrestation provisoire qui en sera l'exécution, vont répandre l'alarme dans l'âme de ce témoin et de toutes les personnes qui lui appartiennent. Que de mal vous lui faites, uniquement parce que sa véracité et sa bonne foi appellent votre confiance, et parce que ses déclarations peuvent vous être utiles! Étrange manière de parler aux gens qu'on estime, et de leur demander assistance!

V.

De la liberté provisoire et du cautionnement.

J'arrive au chapitre VIII, intitulé, *De la Liberté provisoire et du Cautionnement.* Je crois qu'il est nécessaire de donner quelque étendue à mes observations sur les articles 113, 114 et 421 du Code, parce que cette belle et riche matière n'est traitée avec soin dans aucun écrit français ; parce que je n'approuve point les changements introduits dans notre législation criminelle par les articles 113 et 114, et parce que j'approuve encore moins la manière dont quelques tribunaux, et même quelques cours, entendent que les articles 113 et 114, et l'article 421, doivent être exécutés.

Le droit qui est accordé aux accusés et aux prévenus d'obtenir leur liberté provisoire sous caution, me paraît aussi ancien que le droit d'arrestation provisoire ; et je crois que nous devons compter ces deux droits, qui sont inséparables, et dont l'un est la modification nécessaire de l'autre, au nombre des premiers fruits de la civilisation. Quoi de plus naturel en effet, et de plus fréquent ; quoi de plus conforme aux nobles exemples que nous a transmis l'histoire ; quoi de plus digne d'être reçu favorablement, que l'offre d'un ami empressé de secourir un ami qu'il croit injustement poursuivi ! Durant les troubles de juillet 1789, on vint annoncer à l'assemblée nationale l'arrestation de Dampierre. Aussitôt M. de Lally-Tollendal s'élance à la tribune et s'écrie : « Dampierre est mon ami depuis quinze ans, Dampierre ne peut pas être coupable, je me rends sa caution ! »

Socrate resta libre sous le cautionnement de Criton, son disciple et son ami ; car les magistrats d'Athènes avaient prété serment en public de ne jamais retenir un citoyen en prison, dans le cas où il pourrait fournir des garants de sa qualité et de son rang, et de n'excepter que ceux qui auraient altéré la monnaie ou tramé quelque trahison.

Les Romains n'en usaient pas autrement. Cœso Quintius donna pour caution son père Quintius Cincinnatus.

Ce droit fut méconnu sous les premiers empereurs, tandis que les délateurs étaient accueillis et récompensés; mais il fut rétabli sous les Adrien (1), sous les Antonin; ou bien ces empereurs, le trouvant rétabli, mais mal affermi, crurent nécessaire d'en recommander l'observation.

Antonin, qui mérita le surnom de *pius*, mot pour lequel nous n'avons point d'équivalent, répond aux habitants d'Antioche qu'il ne faut pas jeter dans les fers celui qui est prêt à donner des répondants, à moins qu'il ne soit constant qu'il a commis un crime *si grave*, qu'on ne doive le remettre, ni à un soldat, ni à une caution (2).

----

(1) Adrianus permisit eis qui quid sibi naufragio direptum querantur, adire præfectum, et apud eum testari, reosque petere ut *pro modo culpæ*, vel vincti, vel sub fidejussoribus, ad præsidem remittantur. L. 7. dig. de incendio, ruinâ et naufragio.

(2) Divus pius ad epistolam Antiochensium græcè rescripsit, non esse in vincula conjiciendum eum qui fidejussores dare paratus est, nisi *tàm grave scelus*

Ce droit s'observa dans les Gaules, malgré la confusion et l'anarchie que produisit l'invasion des barbares, malgré les usurpations des grands sur l'autorité du roi et les libertés des peuples. « Lorsque, sous les deux premières » races, et même sous la troisième, les comtes » et les envoyés du roi ne se sentaient pas » assez de force pour réduire les grands à la » raison, ils leur faisaient donner caution qu'ils » se présenteraient devant le tribunal du roi. » Cela paraît par les formules, les chartes et » les capitulaires (1). »

Ce droit s'observa, même dans les combats judiciaires. « Pouvaient ce néanmoins tous » deux (les deux combattants) être mis en la » garde des gens de bien qui étaient tenus les » représenter vifs ou morts au jour du com- » bat (2). » Le formulaire des combats à ou-

---

admisisse eum constet, ut neque fidejussoribus neque militibus committi debeat, verùm hanc ipsam carceris pœnam ante supplicium sustinere. L. 3, dig. de custod. et exhib. rect.

Hoc autem *pro criminis quod objicitur qualitate,* facere solet, dit la loi première, dig. eod. tit.

(1) Montesquieu.

(2) Pasquier.

trance, fait en conséquence de l'ordonnance de Philippe le Bel, de 1306, touchant les duels et les gages de bataille, porte :... « Et outre, » voulons et ordonnons qu'ils soient arrêtés, » se ils ne donnent bons et suffisants gaiges » ou plaiges de non partir, sans notre congé » et licence (1). »

Ce droit s'observa aussi dans les procès pour délits féodaux : on en trouve une foule d'exemples dans les anciens cartulaires, et particulièrement dans celui de Champagne, qui a passé de la bibliothèque de Colbert dans celle du roi, sous le titre de *Liber Principum.* Voici l'un de ces exemples rapporté par le savant Grosley (2). « En 1267 (sous le règne » de saint Louis), Jean de Haus, chevalier, » emprisonné à Provins, pour une forfaiture » envers Thibaut, comte de Champagne, fut » élargi pour quatre mois, sous la caution du » comte de Roucy, du comte de Soissons, » et d'Anceau de Garlande; qui, après avoir » prêté serment entre les mains d'un commis-» saire du roi, s'obligèrent, par acte séparé

***

(1) Ordonnances du Louvre.

(2) Dans son voyage à Londres.

» *de faire revenir à la fête Notre-Dame de*
» *settembre ledit monsignor Henry, ou lieu*
» *et en l'estat en la prison du roy à Provins:*
» *et si cel messire Henry ne revenoit, de*
» *mettre en ladite prison un chevalier qui*
» *auroit six cents livres de rente, dedans*
» *quinzaine qu'ils en seroient semonds.* »

On remarque deux ordonnances, l'une de Philippe Auguste, de 1130, et l'autre de saint Louis, de 1254, qui défendent en termes généraux aux prévôts et aux baillis de se saisir de la personne ou des biens de quiconque offrirait de donner des cautions solvables, de comparaître en justice devant la cour du roi, à l'exception toutefois de l'homicide, du meurtre, du rapt, ou de la trahison (1).

Mais comme ces ordonnances étaient sans force dans les pays hors l'obéissance-le-roi, beaucoup de communes eurent soin de faire

---

(1) Præpositis insuper nostris et baillivis prohibemus ne aliquem hominem capiant, neque averum suum, (son avoir, ses biens,) quandiù bonos fidejussores dare voluerit, de justitiâ prosequendâ in curiâ nostrâ, nisi pro homicidio, vel murtro, vel raptu, vel proditione. 1190. art. 16. ordonnances du Louvre.

insérer dans leurs chartes d'affranchissement et de confirmation , des dispositions semblables.

Telles sont les dispositions de la charte de la ville de Grenade, article 4, approuvée par le roi Jean, en 1350.

Mêmes dispositions dans la charte de Villefranche en Périgord, approuvée par Charles V, fils aîné de Jean.

Mêmes dispositions dans la charte des priviléges de la ville de Milliaud, article 5, approuvée par le même, en 1370.

La charte des priviléges de Peyrusse, approuvée par le même, en 1371, est ainsi conçue: « Que nul crimineux pris pour quelque crime » ou excès, si le crime n'est capital, que mort » sen soit ensuie, ou mutilation de membre, » ne soit détenu en prison, se il a caution » suffisante d'ester à droit; mais lesdites cau- » tions seront reçues et lesdits prisonniers » relàchés. »

Mêmes dispositions dans la charte de Mailly-le-Château, article 14, même année.

Dans la charte des habitants d'Ervy en Champagne, article 13, en 1376.

Dans celles des habitants de Voisines, article 16, approuvée par Philippe Auguste, et ratifiée par Charles VI, en 1390.

Dans celle de la ville de Vienne, article 20, de 1391.

Dans celle des habitants de Montolieu, article 30, de 1392.

Dans celle des habitants de Montfaucon, article 16, de 1395.

Dans celle des habitants de Villa-Nova de Loyaux, article 21, de 1396, etc., etc.

Qu'on me permette encore une citation, qui aura son application, comme les précédentes. « Ce fut à Dijon, dit l'historien de » Thou, que le roi (Henry IV) reçut une re- » quête signée par Diane (madame d'Angou- » lême), veuve de François de Montmorency, » Henry de Montmorency, Charles de Va- » lois, comte d'Auvergne, Henry de la Tour, » duc de Bouillon, Claude de Montmorency » de Damville, Claude de la Trimouille, » Charles de Cossé de Brissac, Jean de Lévy » de Mirepoix, et Juste-Louis de Tournon, » tous cousins germains ou issus de germains » de Charlotte-Catherine de la Trémouille, » veuve de Henry de Bourbon Condé, mort » huit ans auparavant à Saint-Jean-d'Angély » en Saintonge. Ces seigneurs, après avoir

» parlé, au commencement de leur requête,
» des bruits qui avaient couru au sujet de la
» mort extraordinaire et subite du prince de
» Condé, soupçonné d'avoir été empoisonné,
» disaient qu'on en avait accusé la plupart de
» ses domestiques et sa femme même; qu'en
» conséquence, des juges délégués, dépour-
» vus d'autorité légitime, à l'instigation de
» certaines personnes mal intentionnées,
» avaient rendu une sentence contre quelques-
» uns, et contre la princesse même; que l'exé-
» cution de cette sentence avait été suspendue
» par l'ordre du roi, qui, alors, était chef du
» parti des protestants en France, parce que
» la princesse était grosse; qu'elle était accou-
» chée d'un prince; que, depuis ce temps-là,
» le jugement n'avait point été exécuté, mais
» que la princesse était demeurée prisonnière
» avec son fils; qu'elle avait attendu que S. M.
» eût calmé les troubles de son royaume, pour
» lui demander la permission de se justifier
» devant un tribunal légitime et compétent;
» que S. M. étant aujourd'hui tranquillement
» assise sur son trône, et maîtresse de la ca-
» pitale de son royaume, siége d'un parle-
» ment qui, selon les lois de l'état, peut seul
» connaître des affaires personnelles concer-

» nant les princes du sang royal et les pairs
» du royaume, ils avaient jugé qu'il était
» tems, et même de leur devoir, de solliciter
» S. M. en faveur d'une parente qui leur est
» bien chère, et qu'ils croyaient innocente du
» crime énorme dont elle est accusée ; pro-
» testant que si l'on pouvait prouver qu'elle
» est coupable, ils seraient les premiers à
» demander qu'elle fût punie dans toute la
» rigueur des lois ; qu'ils suppliaient donc
» S. M. de vouloir bien renvoyer la connais-
» sance de cette affaire à un tribunal légitime ;
» que l'on examinerait la procédure déjà faite,
» pour la casser et l'annuler si elle était vi-
» cieuse ; en ce cas, pour la recommencer,
» après avoir ajourné ceux que l'on jugerait
» à propos ; pour rendre enfin sur cette affaire
» un jugement définitif. *Ils demandaient qu'en*
» *attendant que le procès fût jugé, la prin-*
» *cesse fût mise en liberté ; se rendant eux-*
» *mêmes cautions qu'elle se représenterait*
» *dans le tems que S. M. ordonnerait.* »
« Pierre Forget de Fresnes, l'un des quatre
» secrétaires d'état, mit au bas de la requête,
» que le roi voulait que la cause fût renvoyée
» au parlement de Paris ; que Charlotte de la
» Trémouille comparaîtrait devant ce tribunal

» dans le mois ; et *qu'attendu que les sup-*
» *pliants se rendaient cautions pour elle*, *il*
» *était ordonné à Jean de la Roche Beaucour*
» *de Saint-Mesmes, gouverneur de Saint-*
» *Jean-d'Angély, de la mettre en liberté.* »

Le caractère distinctif des lois que je viens
de mettre sous vos yeux, ne vous aura pas
échappé : vous aurez remarqué, qu'à l'exception des accusations les plus graves, la liberté
n'est pas accordée comme une grâce, une
faveur, et ne suppose pas même un examen
provisionnel des charges ; c'est un droit, comme
nous l'avons dit en commençant. *Que nul*
crimineux ne soit détenu en prison... il ne
faut pas jeter l'accusé dans les fers... Nous
défendons à nos prévôts et à nos baillis, même
de se saisir de l'accusé... s'il donne caution
d'ester à droit. Cette liberté est due à l'instant même sans examen, à la seule inspection
du titre de l'accusation, suivant la nature du
délit, *pro modo culpæ*, suivant la qualité du
crime, *pro criminis qualitate.*

Eh bien, ce droit que nous tenions des
Romains, qui le tenaient eux-mêmes de
peuples plus anciennement civilisés ; ce droit
dont les Français restés libres avaient joui

constamment, et que les autres avaient racheté au poids de l'or ; ce droit nous a été ravi par les Poyet, les Pussort et autres légistes de cette espèce, funestes propagateurs des formes de l'inquisition. Le chancelier Poyet ne tarda pas de subir lui-même toute la rigueur de la loi qu'il avait portée. Accusé d'abus de pouvoir, d'exactions, de malversations, qui ne furent suivis d'aucune peine afflictive ou infamante, il implora la protection de l'amiral Chabot, qu'il avait lâchement opprimé. Mon-seigneur, *la tribulation insupportable en laquelle me connoissez être, me contraint vous importuner à voir mon pauvre affaire, pour recommandé envers le roi, et le supplier pour l'honneur de la passion de Dieu, qu'il me veuille laisser aller en ma maison où il pourra user de ma personne, à son plaisir et volonté, sans vouloir souffrir que je sois ainsi mené et conduit, ne mis en lieu de sujétion de ma personne, laquelle savez être affligée par maladie. Monseigneur, ayez pitié de celui qui souffre plus qu'il ne peut vous mander.* Cette basse supplique ne fut suivie d'aucun effet, et Poyet demeura prisonnier pendant toute la longue durée de son procès.

Je ne dirai rien de plus des ordonnances de

1539 et 1670 ; je ne parlerai pas de Muyard, de Vouglans, qui, dans son énorme traité *in-folio* des lois criminelles de France, n'a pas dit un mot de la liberté provisoire sous caution. Je dirai seulement, que pendant deux siècles et demi, la liberté de l'accusé pendant le procès était remise à l'*arbitrage* des juges; qu'elle était accordée sur le vu des charges, et quelquefois sans caution, même lorsque le crime était grave, et lorsque les juges *croyaient* n'apercevoir aucun motif essentiel de retenir l'accusé prisonnier, d'après l'état du procès, et la condition des personnes.

En 1787, feu M. de Lamoignon garde des sceaux, avait formé une commission chargée de réviser l'ordonnance de 1670. Peu de temps après, une autre commission formée dans le sein du parlement de Paris , par M. le garde des sceaux, de Barentin, fut chargée de traiter le même sujet. Le résultat des méditations de ces deux commissions n'a pas été publié.

Les membres les plus distingués de l'assemblée constituante avaient senti de bonne heure le besoin de revenir à nos lois primitives, à notre antique loyauté. Cette assemblée forma,

dès 1789, un comité de législation criminelle :
et l'on sait que le peuple qui passait alors pour
avoir la meilleure législation criminelle, fixa
principalement l'attention de ce comité. Nos
institutions, nos mœurs, nos lois, ont été portées en Angleterre à différentes époques : dé-
naturées chez nous par des législateurs dont
l'histoire a fait justice, elles se sont maintenues intactes chez nos voisins.

Montesquieu, dans son examen de la constitution anglaise, s'exprime ainsi : « Si la puis-
» sance législative laisse à l'exécutrice le droit
» d'emprisonner des citoyens qui peuvent
» donner caution de leur conduite, il n'y a
» plus de liberté ; à moins qu'ils ne soient ar-
» rêtés pour répondre *sans délai* à une accu-
» sation que la loi a rendue *capitale*; au quel
» cas ils sont libres, puisqu'ils ne sont sujets
» qu'à la puissance de la loi. »

« L'un des plus grands avantages attachés
» à la liberté, dit Delolme, c'est la grandeur
» des précautions sur la matière si délicate
» des emprisonnements. En accordant, dans le
» plus grand nombre de cas, la libération sous
» caution, et en ne laissant point les cas à la
» discrétion du juge, les Anglais ont ôté les
» prétextes que les circonstances pouvaient

» fournir, de priver un homme de sa liberté...
» Les lois favorables à la liberté des citoyens
» ont pour zélés défenseurs les plus grands
» seigneurs aussi bien que les moindres sujets,
» le ministre même... qui n'ignore pas qu'une
» intrigue de cour, un caprice, peuvent à
» chaque instant déranger ses plans, le con-
» fondre avec la multitude, et que le ressen-
» timent d'un successeur, long-temps écarté,
» pourrait l'envoyer languir dans le même ca-
» chot que ses passions momentanées auraient
» préparé à d'autres. »

Blackstone, après avoir fait l'énumération des crimes *baillables*, c'est-à-dire, du grand nombre de cas où les accusés ont droit à leur liberté provisoire sous caution, ajoute aussi-tôt : « tout magistrat qui refuse d'admettre à
» caution l'accusé qui n'est point par la cou-
» tume exclus de cette ressource, *entreprend*
» *contre la liberté du sujet* : et dans la crainte
» que l'intention de la loi ne soit éludée par
» les juges, il est expressément déclaré par le
» bill des droits, art. 10, qu'on n'exigera
» point de caution excessive. »

Blackstone nous dit enfin que la cour du banc du roi *peut* recevoir à caution, sur l'accusa-tion d'un crime quelconque, fût-il de trahison,

de meurtre ou de toute autre nature de crime ,
suivant les circonstances. « Il est des cas ,
» ajoute-t-il , quoique rares , où il serait dur ,
» même injuste de retenir un homme en pri-
» son, quand il serait prévenu d'un délit de
» la plus haute importance. Le législateur qui
» a prévu ces cas , a voulu en conséquence ,
» qu'une cour de justice et une *seule* fût in-
» vestie du *pouvoir discrétionnaire* de rece-
» voir à caution dans quelque cas que ce fût ,
» si l'on en excepte toutefois le cas où il s'agit
» d'individus incarcérés par ordre de l'une des
» deux chambres du parlement, tant que dure
» la session ; ou de ceux détenus par ordre
» des tribunaux supérieurs , pour fait d'irré-
» vérence envers la justice. »

C'est évidemment sur le modèle des lois
anglaises , que notre loi criminelle a été ré-
formée. Nous admettons aussi comme règle
invariable , que nul homme arrêté ne peut
être retenu , s'il donne caution suffisante ,
dans tous les cas où la loi permet de rester
libre sous cautionnement. Telle est la disposition de la loi de 1791, intitulée : Constitution
française ; article capital qui n'a jamais été ,
qui n'a jamais pu être révoqué, comme nous
le prouverons bientôt.

Feu M. Duport, dans son rapport à l'assemblée constituante sur l'institution des jurés, établit, qu'avant de décider s'il y a lieu à accusation, le tribunal, sans pouvoir examiner le fond de l'affaire, et en supposant le crime commis, doit décider s'il est de nature ou non à mériter une poursuite criminelle; qu'il doit décider également si le prévenu est dans le cas d'être reçu à caution; car la loi ne peut vouloir que l'on arrête un citoyen, lorsqu'il y a certitude morale qu'il n'échappera pas, ou qu'on pourra lui infliger la peine, quoique absent.

Et sur ce rapport, l'assemblée constituante a décrété que si le délit est de nature à mériter une peine infamante, l'officier de police délivrera un mandat d'arrêt contre le prévenu, à moins qu'il ne fournisse une caution suffisante de se représenter, lorsqu'il en sera besoin; auquel cas il sera laissé à la garde de ses amis qui l'auraient cautionné : elle avait décrété, dans la loi sur la police correctionnelle, que le juge de paix admettra le prévenu sous caution de se représenter.

Ces dispositions ont été maintenues par le Code des délits et des peines du 3 brumaire an

4 ; et afin qu'elles ne puissent pas être éludées, une loi postérieure, semblable en cela au bill des droits dont nous venons de parler, a spécifié les sommes fixes ou proportionnelles que les juges ne peuvent pas dépasser.

Pourquoi l'assemblée constituante n'a-t-elle accordé la faculté d'obtenir la liberté provisoire sous caution, qu'aux personnes prévenues de crimes emportant la peine de l'infamie? N'est-il pas encore d'autres crimes, qui ne sont pas énormes, et dont la poursuite pouvait comporter la même faculté ? C'est parce que la loi décrétée par l'assemblée constituante prescrivait une instruction telle que *bientôt*, des jurés devaient décider s'il y avait lieu de mettre les prévenus en accusation ; c'est que *bientôt* des jurés devaient juger le procès. Le pouvoir d'arrêter est nécessaire, disait encore feu M. Duport, mais il ne saurait être *trop tôt* limité. Au moyen de la grande célérité de l'instruction, il pensait que cette loi l'emporterait de beaucoup sur la loi des Anglais.

Nous arrivons au Code de 1808. Avant ce Code, le juge de paix seul, jusqu'en l'an 4, et depuis l'an 4 jusqu'en 1808, le directeur du jury seul avait le pouvoir de décider s'il y avait lieu de mettre le prévenu en liberté provisoire sous caution. Le Code de 1808 a dessaisi de ce pouvoir le directeur du jury, à qui il donne le nom de juge d'instruction, parce qu'il n'y a plus de jury d'accusation: il a investi de ce pouvoir la chambre du conseil de chaque tribunal d'arrondissement; et afin qu'aucun tribunal ne puisse éluder la loi, quelques articles spécifient de nouveau et avec plus de précision, les sommes fixes et proportionnelles qui ne peuvent être dépassées.

Cela posé, lisons l'article 114 de ce Code:
» Si le fait n'emporte pas une peine afflic-
» tive ou infamante, mais seulement une peine
» correctionnelle, la chambre du conseil
» *pourra*, sur la demande du prévenu et sur
» les conclusions du procureur du roi, or-
» donner que le prévenu sera mis provisoire-
» ment en liberté, moyennant caution sol-
» vable de se représenter à tous les actes
» de la procédure et pour l'exécution du ju-
» gement, aussitôt qu'il en sera requis. »

Déjà vous avez pressenti l'espèce de discussion dans laquelle je vais m'engager. De ce que cet article dit que la chambre du conseil *pourra* ordonner que le prévenu sera mis provisoirement en liberté sous caution, il ne faut pas conclure que les chambres du conseil puissent, *selon qu'elles le jugent à propos*, accorder ou refuser l'élargissement provisoire. Ici la loi concède aux chambres du conseil un pouvoir dont la loi précédente avait investi les seuls directeurs du jury : mais elle ne dit pas que ce pouvoir soit discrétionnaire.

Les articles 42, 143, 180, 254, 256, 265, 266, 407 du même Code, et 377 du Code pénal où le même mot est employé, ne contiennent évidemment comme celui-ci qu'une délégation de pouvoir, une délimitation de fonctions, une attribution de compétence. Exemple: 180. « Ces tribunaux (de » première instance) *pourront*, en matière » correctionnelle, prononcer au nombre de » 3 juges. — 407. Les arrêts .... *pourront* » être annulés dans les cas suivants... »

Pourquoi supposerait-on que cet article contient tout à la fois attribution de compétence et concession d'un pouvoir discrétionnaire? Rien n'indique qu'il puisse avoir cette double signification ; et puisqu'il n'est pas évident qu'il exprime deux choses qui ne sont pas inséparables, il faut dire qu'il ne les exprime pas toutes deux. *Semper in obscuris quod minimum est sequimur* l. 9 .. *Dig. de reg. juris.*

Nous dirons plus : lors qu'une disposition de la loi qui accorde le pouvoir de juris-diction, veut encore que ce pouvoir soit dis-crétionnaire, elle emploie des expressions qui manifestent cette double attribution. Té-moins les articles suivants : « Le président est « investi du *pouvoir discrétionnaire*, en vertu » duquel il *pourra !prendre sur lui*..... il » *pourra* dans le cours des débats..... (art. » 268 et 269.) Le président *pourra* demander » au témoin et à l'accusé tous les éclair-» cissements qu'il *croira* nécessaires... (art. » 319.) Le tribunal, *pourra, s'il y échet*, ac-» corder une provision.... (art. 188.) Les » juges *pourront* ordonner, *s'il y échet*, des » informations nouvelles.. ils *pourront* éga-» lement ordonner, *s'il y a lieu*... (art. 228.) » *Pourra* toutefois le juge d'instruction donner, » *s'il y a lieu*.. (248.) Lorsque le procureur » du roi *trouvera*... il *pourra*, (art.250.) Les » assises *se tiendront* ordinairement dans le » chef-lieu de chaque département. La cour » royale *pourra néanmoins*.... (art. 258.)

» Les vagabonds *pourront,* même après un
» jugement passé en force de chose jugée,
» être réclamés ou cautionnés... *Si* le gou-
» vernement *accueille* la réclamation, les
» individus réclamés ou cautionnés *seront..*
» (art. 273 du Code pénal.) »

Et comment supposer que la chambre du
conseil puisse discrétionnairement accorder
ou refuser la liberté provisoire ? La loi ne veut
pas encore en ce moment que cette chambre
connaisse le fond de l'affaire ; elle ne doit connaître encore que les noms des parties et le titre
de la prévention ; elle aurait donc reçu le pouvoir de préjuger un procès sans le connaître ? En
effet, c'est sur la seule demande du prévenu,
suivie des conclusions du ministère public,
que la chambre du conseil doit décider si le
prévenu sera mis ou non en liberté provisoire ;
et cette décision précède le rapport de l'affaire qui doit être fait par le juge d'instruction. Ouvrez le Code, et vous verrez que, non
seulement les articles qui traitent de la demande en liberté provisoire et de ses suites,
ne disent pas que le rapport du procès sera
fait avant qu'il soit statué sur cette demande ;
vous y verrez surtout que c'est après avoir
épuisé (chap. 8) tout ce qui tient à la demande

en liberté provisoire, que le même Code prescrit (chap. 9), et la forme du rapport qui doit être fait de toute l'instruction, et le mode de prononcer sur ce rapport. Il est donc vrai que la mise en liberté provisoire sous caution ne dépend point du plus ou du moins de gravité des charges ; qu'elle dépend du seul titre de la prévention ; c'est-à-dire, que la chambre du conseil doit statuer sur la demande en liberté, comme le disait feu M. Duport, sans qu'il soit besoin d'examiner le fond de l'affaire, et en supposant le crime commis. Le mot *pourra*, employé dans l'article 114, n'apporte donc aucune modification à cet égard, ni au Code des délits et des peines, du 3 brumaire an 4, ni à la loi de 1791. Dans le doute, les lois nouvelles s'expliquent par les lois précédentes, et ne sont jamais présumées y déroger.

Croirons-nous que l'article 114 autorise la chambre du conseil à enfreindre ouvertement la règle essentielle posée par les lois précédentes, lorsque nous voyons que la loi nouvelle a pris soin, à l'imitation de la loi anglaise, d'empêcher qu'elle ne soit enfreinte, même indirectement, sous prétexte, par exemple, que le cautionnement serait insuffisant ? « Le cautionnement ne pourra pas être exigé

» d'une somme plus forte que . . . . »

Oh ! combien notre législation se serait empirée, si l'opinion contraire à la nôtre pouvait prévaloir ! Souvenons-nous qu'avant les lois de 1791, la liberté provisoire, quoique discrétionnaire, s'accordait quelquefois lorsque le crime était énorme ; qu'elle s'accordait sur le vu des charges, et enfin, qu'elle s'accordait même quelquefois sans caution. Eh bien ! aujourd'hui, non-seulement cette liberté provisoire serait redevenue discrétionnaire, non-seulement elle ne pourrait plus s'accorder sans caution, mais elle ne pourrait plus être accordée discrétionnairement avec caution, que dans les matières correctionnelles ; et surtout, ce qui serait tout-à-fait déraisonnable, les juges seraient autorisés à user de ce pouvoir sans connaissance de cause.

Après avoir prouvé que les lois de 1791, de l'an 4, et de 1808, sur la liberté provisoire, subsistent concurremment et se prêtent un mutuel appui, je viens à l'article 113 du Code de 1808. « La liberté provisoire sous caution » *ne pourra jamais* être accordée au prévenu, » lorsque le titre de l'accusation emportera » une peine afflictive ou *infamante.* »

Je remarque d'abord que, sous une pareille législation, Caton lui-même, qui répondit à quarante-quatre accusations; Caton, qui fut surnommé le Sage, et que les Romains regardèrent comme le plus vertueux des citoyens, parce qu'il fut quarante-quatre fois absous; Caton aurait passé dans la maison d'arrêt de Rome les plus belles années de sa vie politique.

Pour justifier cette innovation, quant aux crimes qui ne peuvent entraîner que la peine de l'infamie, le rapporteur du corps législatif a dit qu'en cela le législateur a cru devoir respecter l'ancienne opinion qui rend cette classe de peines si redoutable; « et nous croyons » pouvoir lui garantir, ajoute-t-il, qu'il a bien » connu l'esprit national, quand il a prononcé » que de tous les effets de la peine, l'infamie » est celui qui doit répandre le plus d'effroi, » et qui doit en déterminer le vrai caractère. »

Le rapporteur est tout-à-fait hors de la question. Sans doute l'infamie, le *supplice* de l'infamie (1) est éminemment efficace; mais s'ensuit-il qu'il soit toujours nécessaire de détenir,

---

(a) Expression de Montesquieu.

pendant le procès, la personne prévenue d'un crime méritant la peine simple de l'infamie? C'est ce que le rapporteur ne prouve pas.

L'orateur du gouvernement a dit sur le même article, « que la liberté provisoire sera » refusée, toutes les fois qu'il s'agira d'un fait » qui emporte peine afflictive ou infamante. » C'est surtout dans ces occasions que l'exem- » ple de la peine infligée est utile à la société ; » et si l'on admettait ici des libertés provi- » soires sous caution, *il serait bien à craindre* » que des hommes opulents ne trouvassent les » moyens de se soustraire à l'application des » peines, qu'ils paraissent cependant mériter » plus que les autres, parce que, jouissant de » tous les avantages de la société, ils étaient » plus fortement obligés à ne pas en troubler » l'harmonie. »

Cet orateur devait-il traiter des crimes aussi généralement, et ne faire aucune mention particulière de ceux qui ne méritent que la peine de l'infamie? C'est déjà, je crois, réfuter ses motifs avec un grand avantage que d'en faire apercevoir la vague généralité, dans une matière qui se compose d'une multitude de cas particuliers si différents les uns des autres : nous avons vu avec quelle attention, avec

quels soins de détail, les Anglais se sont préservés d'une telle confusion, que rien ne peut
justifier.

Il est hors de doute que la loi ne doit jamais
ouvrir la porte à l'impunité; et si, lorsqu'il
s'agit d'un crime dont la peine est l'infamie, il
était impossible de concilier ce qu'exige la
sûreté publique avec la liberté des accusés,
que protège si naturellement la présomption
de l'innocence, nous voterions sans exception, sans hésiter, et dans tous les cas, leur
incarcération provisoire.

Mais avant de provoquer la révocation d'une
mesure qui jusques alors avait paru concilier
tous les intérêts, il aurait fallu révéler des
abus graves, opposer la pratique à la théorie,
indiquer un grand nombre d'individus, qui
n'ont échappé à la peine de l'infamie, que
par le bénéfice de la liberté provisoire sous
caution. Daignez nommer les propriétaires
qui, ayant leur liberté, leur fortune, leur honneur à conserver, ont ménagé l'impunité à des
coupables, en les cautionnant. Nommez aussi
ces coupables opulents que des tiers avaient jugés dignes de leur confiance, et qui sont demeu-
rés impunis pour avoir faussé la foi promise.

Le même orateur s'est contenté de dire

qu'il serait à craindre que des hommes opulents n'échappassent à la peine ; ce qui est bien
frivole dans une discussion aussi sérieuse.
Est-ce donc ainsi que l'on détruit et que l'on
réédifie une législation criminelle? A ces
craintes exprimées vaguement, parce qu'on
ne pouvait pas les motiver, je puis opposer ma
propre expérience.... Jamais je n'entendis se
plaindre que la liberté provisoire sous caution
dans aucun cas eût entraîné l'impunité.

Abordons de plus près la question. L'une
des peines simplement infamantes est la dé-
gradation civique, qui ne consiste que dans la
destitution et l'exclusion du condamné, de
toutes fonctions ou emplois publics, et dans la
privation des droits civiques et civils. D'abord
l'accusé qui ne se présenterait pas au jour de
son jugement, s'exposerait à être condamné,
lors même qu'il aurait quelques moyens de
défense à proposer, parce que son refus de
comparaître serait une forte présomption contre
lui, et qu'aucun conseil, aucun avoué, ne peut
plaider pour un contumax. De plus, il se priverait du droit d'être jugé par jurés. Il y a
donc certitude morale qu'il se représentera,
pour nous servir des propres expressions de feu
M. Duport.

En second lieu, en donnant caution, il a néanmoins assuré la réparation du dommage et même le payement de l'amende; autre certitude qu'il se représentera.

3° Et cependant s'il se laisse condamner par contumace, l'infamie est encourue avec toute la notoriété, toute l'efficacité possible. L'arrêt est inscrit sur un registre public, imprimé, affiché, consigné dans les feuilles périodiques, enregistré à la chancellerie de France et au ministère de la police générale du royaume. Le condamné est destitué de ses fonctions, il est dépouillé de ses droits; quelque part qu'il porte ses pas, l'infamie, l'affreuse infamie, le poursuit, l'atteint et se saisit de toute son existence présente et à venir. Ses biens sont séquestrés; il porte un coup funeste à la liberté, à la fortune de ses cautions; c'est-à-dire de ses amis les plus intimes, les plus confiants, les plus généreux. Ai-je besoin d'ajouter qu'il ne peut faire cesser tant de maux qui résultent de sa contumace, qu'en se représentant; et que s'il vient à mourir en état de contumace, cinq ans après sa condamnation, tous les effets en seront devenus irrévocables. Disons donc qu'il se représentera, ou que la peine l'atteindra quoique absent, pour nous servir encore des propres expressions de feu M. Duport. Pour prétendre que les hommes opulents trouve-raient les moyens de se soustraire à la peine, si on leur accordait la liberté provisoire sous caution, il faut avoir méconnu cet ensemble de nos lois, et surtout les mesures utilement rigoureuses qu'elles déployent contre la personne et les biens du contumax.

Tout ce que nous venons de dire s'applique à la peine infamante du carcan; à cette différence près, que la partie matérielle de la peine prononcée contre un contumax, s'exécute sur son effigie; mais en est-il moins destitué de ses fonctions et dépouillé de ses droits? En est-il moins infâme, et son infamie est-elle moins publique? La réparation du préjudice causé et le payement de l'amende ne sont-ils pas assurés? Le condamné ne s'est-il pas privé du jugement par jurés et du droit de se défendre? Ne court-il pas également le danger de rendre par sa fuite son arrêt irrévocable?

Rappelons ici que si l'assemblée consti-tuante crut ne devoir accorder la liberté pro-visoire sous caution que dans les procès ten-dant à la peine de l'infamie, ce fut parce que dans tous les cas, l'instruction devait aller ra-pidement. Sous peu de jours le jury d'accusation devait s'assembler ; encore quelques autres jours , et le jury de jugement devait acquitter ou condamner l'accusé : mais la loi nouvelle ne prescrit pas la même célérité ; il peut s'écouler nécessairement et par la volonté de la loi , plus de trois mois entre l'arrestation èt le jugement; et néanmoins la même loi prive de sa liberté provisoire, le domicilié, le père de famille, le fonctionnaire public, impliqués dans un procès, où il y va de la seule peine d'infamie! Cette peine n'est pas corporelle, si l'on peut ainsi parler, cette peine est toute morale : et qui peut vous autoriser à retenir en prison provisoirement, celui qui n'y doit pas être détenu définitivement?

Des prisons, partout des prisons! « Les an-
» ciens, disait Ayrault , sous le règne de Hen-
» ri IV, faisaient meilleure justice, et ils n'a-
» vaient pas tant de prisons, tant de supplices...
» La prison est de soi chose servile, disait en-
» core Ayrault..... La prison n'était guères
» moins odieuse aux Romains que le supplice...
» Où est la liberté plus nécessaire qu'à se dé-
» fendre ?.... L'office d'un tiers y est-il si offi-
» cieux, si fidèle que le sien propre! » La prison expose un négociant à perdre son crédit, à manquer à ses engagements; elle rompt le

cours de ses affaires et peut entraîner dans sa ruine ses associés, ses fournisseurs; elle fait perdre au commis son emploi.

Il me semble que nous ne sommes pas assez persuadés, en France, des avantages que l'on peut retirer des cautionnements, dans un très-grand nombre de circonstances. La religion aussi admet l'usage des répondants. Donner la liberté provisoire sous caution c'est faire concourir au même résultat, la surveillance individuelle et la surveillance publique; c'est appuyer la sûreté du corps social non seulement sur le droit de propriété, sur le crédit, sur les divers rapports d'intérêts, mais encore sur les liens de parenté et d'amitié, sur les plus douces affections, sur la morale privée, sur l'honneur.

Après tant d'exemples de générosité et de dévouement plus utiles encore à la société qu'aux personnes cautionnées, il est difficile de ne pas trouver notre législation bien dure, bien sèche, bien stérile. Lorsqu'on ne sait pas exploiter avec prudence une mine aussi féconde, il ne reste plus qu'à multiplier les guichetiers, les geôliers, les rondes, les murs, les grilles et les verroux.

Je le dis avec confiance : on doit aussi l'accorder cette liberté provisoire sous caution, lors même que les crimes ont une certaine gravité. Ainsi le voulurent Adrien, Antonin, Philippe Auguste et saint Louis. Ainsi le voulut Henry IV dans le procès de la princesse de Condé ; ainsi le veut la loi anglaise.

Je pense donc qu'elle doit être accordée de plein droit, mais seulement dans les accusations de crime contre la paix publique ou contre les personnes ou contre les propriétés, qui entraînent la peine de la réclusion ou une peine moindre ; et enfin dans les accusations de péculat ou de banqueroute frauduleuse. Certes, un caissier, un négociant, qui avant toute discussion, offrirait des sûretés au fisc ou à ses créanciers, ferait naître une forte présomption en sa faveur.

Je pense enfin qu'elle devrait pouvoir être accordée discrétionnairement dans tous les autres cas, mais par les cours royales seulement, et dans les cas les plus graves, par les chambres réunies d'accusation et de police correctionnelle.

Une loi romaine décide que celui qui par dol ne représentera pas l'accusé dont il a répondu, doit être condamné à une peine arbitraire. (1) Notre Code ne contient aucune disposition pénale contre les cautions qui se rendraient coupables de ce délit. Il nous semble qu'il y a beaucoup d'analogie entre cette connivence frauduleuse et celle que commettent les personnes qui favorisent l'évasion des détenus.

L'article 421 dispose que les condamnés, même en matière correctionnelle ou de police emportant privation de la liberté, ne seront pas admis à se pourvoir en cassation, lorsqu'ils ne seront pas actuellement en état, ou lorsqu'ils n'auront pas été mis en liberté sous caution.

Cet article ne présente aucune difficulté, lorsque, avant le jugement ou l'arrêt, le condamné qui se pourvoit en cassation, avait été atteint d'un mandat d'arrêt : s'il est actuellement détenu, ou s'il a été mis en liberté provisoire sous caution, il est admissible à se pourvoir en cassation. Mais si, après le mandat d'arrêt, le prévenu n'est ni détenu ni libre sous caution, alors il est fugitif, il est rebelle à la justice;

---

(1) Puto tamen si de dolo non exhibeat, etiam extra ordinem esse damnandum. — L. 4.; dig. de custod. et exhib. reor.

alors il a été nécessairement condamné par défaut ; car s'il se fût présenté, on se serait emparé de sa personne, en exécution du mandât d'arrêt : c'est à ce condamné fugitif et rebelle à la justice que l'article 421 entend interdire le recours en cassation. Rien n'est plus clair.

Mais en matière de police, et quelquefois dans les matières correctionnelles qui peuvent entraîner la peine de l'emprisonnement, on ne doit décerner aucun mandat d'arrêt. Ainsi jusqu'à sa condamnation, le prévenu, libre de plein droit, n'a pas eu de liberté provisoire à demander ; le droit de la demander n'était pas encore ouvert à son profit ; il n'était pas fugitif, il n'était pas rebelle à la justice. Cependant la loi veut qu'il soit recevable à recourir en cassation s'il est actuellement en état, ou s'il est libre sous caution. Puisque ce droit lui est ouvert sous deux conditions alternatives, il faut reconnaître que la loi entend qu'il lui soit également possible de remplir l'une ou l'autre de ces deux conditions : la conséquence nécessaire est que la loi veut, dans ces cas particuliers, qu'il puisse demander et obtenir sa liberté sous caution *après sa condamnation.*

La rédaction de cet article fortifie cette

conséquence. L'article 421 ne dit pas que les condamnés seront non recevables, s'ils ne sont actuellement en état, ou s'ils n'ont pas obtenu leur liberté *provisoire* sous caution. Le mot, *provisoire*, n'est pas employé dans cet article. Pourquoi ? Parce que ce mot aurait exclu ce que le législateur voulait maintenir, c'est-à-dire, la faculté d'obtenir la liberté sous caution, même après une condamnation définitive et exécutoire.

Je dis, exécutoire. En effet cet article signifie que, dans tous les cas, la condamnation à la peine de l'emprisonnement est exécutoire, nonobstant le reeours en cassation, sauf la liberté sous caution; et c'est ce qu'expose nettemment le raporteur du corps législatif : « Nos anciennes ordonnances, dit-il, vou-
» laient que l'appel ne suspendît pas *l'exé-*
» *cution* des décrets d'ajournement et de
» prise de corps : et si des jugements prépara-
» toires n'étaient pas suspendus par l'appel,
» il est bien plus nécessaire que *l'exécution*
» d'arrêts ou de jugements définitifs ne le soit
» pas par des demandes en nullité. »

S'il en était autrement; si la demande en liberté était inadmissible après la condamnation définitive; si, par exemple, un individu

condamné à un jour, deux jours d'emprisonnement pour une simple contravention, ne
pouvait pas, en donnant caution, se sauver
de l'emprisonnement pendant toute la durée
de l'instance en cassation ; combien n'aurait
il pas à gémir de ce qu'une simple contravention de police, a paru au législateur chose
trop légère pour exiger un mandat d'arrêt!
car si ce mandat eût été décerné, le con-
trevenant aurait demandé aussitôt et facilement obtenu sa liberté provisoire sous caution. Devenu libre avant le jugement, il
serait encore libre après, au même titre et
de plein droit, pendant toute l'instance en
cassation. La loi qui est venue à son secours,
tournerait ainsi à sa ruine, et ce serait précisément parce que la loi a voulu lui sauver
la prison, qu'il subirait la prison inévitablement. Dites-moi si l'on peut entendre ainsi
la loi, sans la supposer aussi odieuse qu'absurde ?

Ce que nous venons de dire à l'égard des
condamnés en matière de simple police, doit
être observé dans tous les cas où la personne
condamnée en matière correctionnelle n'a pas
été préalablement frappée d'un mandat d'arrêt,
et pour qui le droit de demander la liberté

sous caution ne s'est ouvert que depuis sa condamnation en dernier ressort. Tels sont les cas prévus par les articles 182, 479 et 485 du Code de 1808. Tel est le cas prévu par les articles 81 et 94, qui permettent très sagement au juge d'instruction de ne délivrer contre les domiciliés que le mandat de comparution. Tel est enfin le cas prévu par l'article 10 de la loi du 20 avril 1810, sur l'organisation judiciaire.

N'oublions pas de remarquer que la demande en liberté sous caution, lorsqu'elle est formée après le jugement, lequel est exécutoire nonobstant le recours en cassation, est une exception contre cette exécution : il faut en conclure qu'elle ne peut avoir pour contradicteur (outre la partie civile), que l'officier du ministère public, investi par la loi, du pouvoir de poursuivre l'exécution de ce jugement, et qu'elle ne peut être accordée que par le tribunal près duquel il exerce ses fonctions.

Disons enfin que si l'accusé meurt avant d'être sommé de se représenter, son répondant est quitte envers la partie publique et la partie privée. Obligé, comme dit Pasquier, de le représenter mort ou vif, le répondant satisfait à son engagement, lorsquil produit l'acte qui prouve le décès de l'accusé. En matière criminelle, c'est la présence de l'accusé qui est cautionnée : en matière civile c'est la dette.

V I.

De l'autorité de la chose jugée au civil, sur l'action criminelle, et de la chose jugée au criminel, sur l'action civile.

Quelques dispositions particulières, quelques arrêts notables, auxquels nous joindrons nos observations, nous donneront les moyens de résoudre ces deux questions importantes, sur lesquelles nos lois ne se sont point expliquées formellement.

Tout crime, tout délit, toute contravention, donnent lieu à deux actions : l'action pour l'application des peines, qui n'appartient qu'aux fonctionnaires auxquels elle est confiée par la loi ; et l'action en réparation du dommage, qui peut être exercée par tous ceux qui ont souffert de ce dommage.

Le criminel attire le civil : D'après cette ancienne règle du droit français, l'article 3 du Code d'instruction criminelle a statué que l'action civile, pour la réparation du dommage, peut être exercée en même temps et devant les mêmes juges que l'action publique pour l'application de la peine. Ce Code prescrit ensuite comment le même jugement prononce sur les deux actions, comment et à la requête de qui il peut être attaqué, annulé, comment il devient irrévocable, et enfin comment il est mis à exécution à la poursuite de l'une et de l'autre partie. Les dispositions du Code sur ces points divers, ne sont pas le sujet du présent article.

Le criminel tient le civil en suspens. C'est d'après cette autre règle du droit français, qu'il est statué par le même article 3, que l'action civile peut être intentée séparément ; mais qu'en ce cas, l'exercice en est suspendu, tant qu'il n'a pas été statué sur l'action publique intentée avant ou pendant la poursuite de l'action civile.

Mais il arrive quelquefois non - seulement que l'action civile est intentée devant le juge ordinaire avant et pendant la poursuite de l'action publique ; non-seulement que les juges ordinaires sont saisis par voie d'exception de questions auxquelles ont donné lieu certains crimes et certains délits ; mais il arrive encore que le procès civil est jugé en dernier ressort avant la poursuite de l'action publique : il arrive enfin assez fréquemment que le procès criminel est jugé , avant que la partie lésée ait intenté son action.

Ces cas divers font naître les deux questions que nous avons exposées en tête de cet article : Quelle sera sur l'action publique, l'autorité de la chose jugée au civil ? et réciproquement, quelle sera sur l'action civile, l'autorité de la chose jugée au criminel ?

Le Code civil, article 1351, dispose que l'autorité de la chose jugée n'a lieu qu'à l'égard de ce qui fait l'objet du jugement ; qu'il faut que la chose demandée soit fondée sur la même cause ; que la demande soit entre les mêmes parties et formée par elles ou contre elles en la même qualité.

Quoiqu'en général on puisse dire que les matières criminelles ne doivent pas être traitées selon les règles du droit civil, néanmoins cet article établit une règle si raisonnable et si juste dans toutes ses parties, qu'il faudrait les plus puissants motifs pour en refuser l'application aux matières criminelles.

D'abord nous ne voyons rien qui décide, rien

qui nous autorise à penser que la chose jugée au civil doive être tenue pour jugée au criminel ; au contraire, comme devant les juges civils, la personne lésée agit pour son intérêt privé seulement, à ses seuls périls et risques, sans que la partie publique ait jamais le droit d'agir concurremment avec elle, il faudrait conclure par cette seule raison, que le jugement rendu par le tribunal civil est sans autorité pour ou contre l'action du ministère public.

On sait qu'en matière criminelle la loi a favorisé éminemment la manifestation de toute espèce de preuves ; tandis qu'elle admet la preuve vocale en matière civile avec la plus grande circonspection.

L'officier de police, aussitôt qu'il est averti, doit dresser des procès-verbaux, s'emparer des effets suspects, mander les témoins, s'assurer des prévenus, les interroger : accusés, témoins, preuves écrites, pièces de conviction, tout est livré publiquement à un examen dirigé par un pouvoir discrétionnaire.

Mais au civil, avant de dresser des procès-verbaux, avant de faire des enquêtes, avant de faire interroger sur faits et articles, il faut des délais, il faut que la contestation soit liée, il faut que la cause ait été entendue ; il y a des déchéances légales : on voit donc que tel fait, non complétement prouvé par la voie civile, pourrait être mis en évidence par la voie criminelle. Jamais donc une procédure que la loi civile a circonscrite, ne peut tenir lieu, soit de l'instruction et des poursuites qui précédent l'accusation, soit de la puissance et de la solennité des débats.

Aussi le code d'instruction criminelle (article 451) a-t-il décidé que les plaintes et dénonciations en faux pourront toujours être suivies, lors même que les pièces qui en sont l'objet, auraient servi de fondement à des actes judiciaires ou civils. Cette décision, fondée sur des motifs communs à tous les crimes, à tous les délits, doit donc être généralement observée.

Nous ne connaissons qu'une exception à cette règle. L'article 317 du Code civil veut que l'action criminelle contre un délit de suppression d'état ne puisse commencer qu'après le jugement définitif sur la question d'état ; mais cette exception même confirme la règle. Dans tous les autres cas, l'action criminelle ne dépend donc sous aucun rapport du jugement rendu au civil.

Un arrêt de la cour d'Agen avait déclaré fausse une pièce contre laquelle on s'était inscrit en faux incident civil. Le procureur général, bientôt averti de cet arrêt, rendit plainte en faux principal contre Pierre Pascau aîné. La cour spéciale de justice criminelle du département de Lot-et-Garonne, jugeant sa compétence, se crut liée par la déclaration de faux contenue dans l'arrêt rendu au civil, et décida qu'il ne *restait plus autre chose à démêler, sinon que ledit Pascau était auteur de ce faux pour l'avoir lui-même fabriqué.*

Cet arrêt fut annulé le 7 floréal an 13, comme contraire à la règle que nous venons de déduire. La cour de cassation considéra que cette cour spéciale avait méconnu sa propre compétence, qui s'étendait à la double question de savoir s'il existait un faux, et si ledit Pascau en était coupable ; qu'en limitant sa compétence à la seconde question, elle a préjugé une question importante du fond, sur laquelle il ne pouvait être statué qu'après l'instruction et les débats : que l'arrêt de la cour d'Agen, rendu sur une action civile relative à une inscription de faux entre parties privées, n'a pas dû établir l'autorité de la chose jugée, soit sur le règlement de compétence, soit sur le fond d'une affaire poursuivie par action publique.

La même cour a rendu une semblable décision, le 23 avril 1809.

Il est donc incontestable qu'aucun jugement civil ne peut avoir l'autorité de la chose jugée sur l'action publique, soit que ce jugement ait condamné la partie inculpée, soit qu'il l'ait renvoyée d'instance.

Mais en est-il ainsi des jugements rendus sur l'action publique? Ces jugements sont-ils sans force sur l'action civile non encore jugée?

Souvenons-nous que *le criminel attire le civil*, et que *le criminel tient le civil en état*. L'action publique est ainsi déclarée la plus importante des deux actions, elle est l'action dominante; mais cette disposition a un motif; la loi veut nécessairement produire un effet: on sent qu'elle veut prévenir la possibilité d'un jugement civil diamétralement contraire à la chose jugée au criminel, et qu'elle enchaîne l'action civile pour la soumettre au jugement criminel.

Qu'un homme déclaré coupable d'un faux ait été condamné à la peine des travaux forcés et de la flétrissure, et que son arrêt soit exécuté ; voudrait - on qu'un arrêt postérieur pût tenir pour véritable , sur l'instance civile, la pièce déclarée fausse sur l'action publique? Pour de simples intérêts pécuniaires, pourrait-on écouter les dénégations d'un faussaire, qui n'ont pu le sauver d'une condamnation afflictive et infamante? Et à quel préjudice ne serait pas exposée, sans but, sans utilité, la partie civile, dénuée de cette latitude de force et de moyens, qui a été déployée par la partie publique et par le président des assises?

Cette prétention est repoussée dans les matières de faux, par l'article 214 du Code de procédure civile, qui dit « que celui qui prétend qu'une pièce est fausse peut, s'il y échet, être reçu à s'inscrire en faux, encore que ladite pièce ait été vérifiée, soit avec le demandeur, soit avec le défendeur en faux , à d'autres fins que celle d'une poursuite en faux principal ou incident, et qu'en conséquence il soit intervenu un jugement sur le fondement de ladite pièce comme véritable. »

D'après cet article, lorsque sur une procédure civile en faux incident, il est intervenu un jugement sur le fondement de la pièce comme véritable, on ne peut pas renouveler cette exception de faux. Cet article décide de plus, il décide surtout qu'il ne peut plus y avoir lieu à la procédure civile en faux incident, lorsque sur une poursuite en faux principal, c'est-à-dire, sur un procès criminel, il est intervenu un jugement qui tient la pièce véritable.

Je ne doute point que cette disposition ne doive être appliquée à tous les autres crimes et à tous les délits.

Il arrive souvent que l'arrêt rendu sur la poursuite de faux principal, ne déclare la pièce ni fausse ni véritable. Il est souvent déclaré qu'il n'est pas constant que la pièce soit fausse. Lorsqu'il intervient une telle dé. claration, qui laisse indécise la question sur laquelle peuvent s'agiter ensuite des intérêts civils, le même fait peut encore être remis en question devant les juges civils, soit par voie d'action, soit par voie d'exception.

Godier ayant été accusé d'avoir fabriqué un billet de vingt-six mille francs, signé *Terray*, le jury déclara qu'il n'était pas constant que le billet fût faux, et Godier fut acquitté.

Ensuite Godier demanda par la voie civile le payement du billet; et, par un jugement confirmé depuis sur l'appel, le tribunal ordonna la vérification de l'écriture et de la signature.

Godier se pourvut en cassation ; mais sa requête fut rejetée par un arrêt du 21 messidor
an 9, attendu que le jury n'avait pas jugé que
le billet ne fût pas faux, qu'il n'avait pas jugé
que le billet fût vrai ; qu'ainsi Godier, demandeur, était obligé de prouver la vérité du
billet, qui était resté un problème judiciaire.

Cet arrêt établit encore que si le fait ne fût
pas resté un problème judiciaire, si le jury
eût délivré, sur la question de fait, une déclaration positive quelconque, cette décision aurait eu sur le procès civil l'autorité de la chose
jugée.

Nous tirons la même conséquence de l'article 235 du Code civil ainsi conçu : « Si quel-
» ques-uns des faits allégués par l'époux deman-
» deur en divorce, donnent lieu à une poursuite
» criminelle de la part du ministère public,
» l'action en divorce restera suspendue jus-
» qu'après l'arrêt de la cour de justice crimi-
» nelle, sans qu'il soit permis d'inférer de l'arrêt
» aucune fin de non-recevoir ou exception
» préjudicielle contre l'époux demandeur. »

Cette fin de non-recevoir, cette exception
préjudicielle est donc de droit commun, puisqu'en matière de divorce, aujourd'hui de séparation de corps, on a cru qu'une dérogation

à cette règle avait besoin d'être consignée dans une disposition expresse. L'arrêt rendu au criminel ne produit aucune exception préjudicielle contre l'époux demandeur ; donc il en produit une contre l'époux défendeur ; donc celui-ci reste soumis à la règle générale.

Et en effet l'action publique et l'action civile naissent d'un même fait ; elles ont pour objet commun d'en manifester les preuves, de faire déclarer la personne inculpée convaincue de l'avoir commis. La partie lésée n'est-elle pas la première instruite du délit ? Ne lui est-il pas loisible d'unir son action à l'action publique ? Celle-ci n'a-t-elle pas en vue l'intérêt de la société entière, dont la personne lésée fait partie ? D'autre part, le condamné a-t-il, pour repousser la demande civile, d'autres moyens que ceux qu'il a employés pour repousser l'accusation ? On ne peut donc pas prétendre que la poursuite de l'action publique, et le jugement qui a prononcé sur cette action, sont étrangers à l'instance civile.

Une telle prétention a été rejetée nettement et en termes généraux, par un arrêt de la cour de cassation, du 17 mars 1813. Nous terminerons cette discussion en rapportant les motifs de cet arrêt, digne d'être inscrit au nombre de ceux qui nous font sentir chaque jour combien est précieuse une cour régulatrice. « Considérant, sur le moyen, que le de- » mandeur en cassation fait résulter de ce qu'il » n'a pas été partie dans l'arrêt de la chambre » correctionnelle qui a renvoyé Charette de la » plainte en vol, et de ce que dès-lors cet » arrêt ne pouvait lui être opposé ; que le » ministère public est seul partie capable pour » poursuivre les crimes et délits, et qu'il les » poursuit aux périls, risques et fortune de » tous ceux qui y sont intéressés, lorsqu'ils » ne se rendent pas parties civiles ; et que le » jugement qui intervient avec lui ne peut ja- » mais être attaqué par les parties privées ; que » cela résulte nécessairement de l'article 3 » du Code d'instruction criminelle, d'après » lequel l'action publique est évidemment pré- » judicielle à l'action civile ; et que dès-lors » le jugement qui intervient sur l'une, même » en l'absence de la partie civile, ne peut pas » ne pas avoir sur l'autre l'autorité de la chose » jugée. »

VII.

De l'excès de pouvoir.

L'article 441 du Code d'instruction criminelle de 1808, est ainsi conçu : « Lorsque, sur
» l'exhibition d'un ordre formel à lui donné
» par le ministre de la justice, le procureur
» général près la cour de cassation dénoncera
» à la section criminelle les actes judiciaires,
» arrêts ou jugements contraires à la loi, ces
» actes, arrêts ou jugements, pourront être
» annulés, et les officiers de police, ou les
» juges poursuivis, s'il y a lieu, etc. ›

L'acte de l'assemblée constituante de 1791, intitulé : Constitution française, et la loi du 27 ventose an 8, contenaient les mêmes dispositions, avec cette différence néanmoins, que l'acte de 1791 et la loi de l'an 8 prescrivaient à l'officier du ministère public de dénoncer immédiatement au tribunal de cassation les actes par lesquels les juges auraient *excédé les bornes de leur pouvoir*, et que le Code de 1808 lui prescrit de dénoncer les actes *contraires à la loi.*

Pourquoi ces mots, *contraires à la loi*, ont-ils été substitués à ceux-ci : *par lesquels les*

*juges auraient excédé les bornes de leur pou-
voir?* C'est, dit l'orateur du gouvernement,
parce que l'expression, *excès de pouvoir*, est
vague et n'a jamais été bien définie : mais ces
mots, *contraires à la loi*, sont-ils une expression
moins vague ? Et n'est-ce pas tomber dans une
nouvelle difficulté, sans sortir de la première ?

L'orateur du gouvernement ajoute que l'expression, *excès de pouvoir*, se remplace éminemment par le maintien seul de la nullité
tirée de l'incompétence ; et que, s'il convient
d'éviter les expressions oiseuses et redon-
dantes, c'est surtout dans les lois. Mais alors,
pourquoi avoir remplacé cette expression : *par
lesquels les juges auraient excédé les bornes
de leur pouvoir*, par ces mots : *contraires à la
loi?* N'eût-il pas mieux valu les remplacer par
ceux-ci : *par lesquels ils avaient violé les
règles de la compétence?*

Ne peut-on pas soutenir que, si toute incompétence est excès de pouvoir, tout excès
de pouvoir n'est pas incompétence ; que l'expression, *excès de pouvoir*, est générique, et
que l'incompétence n'est qu'une des espèces
d'excès de pouvoir ?

Où nous mènent d'ailleurs ces mots, *contraires à la loi?* Faudra-t-il dénoncer, et la

cour de cassation devra-t-elle annuler tout arrêt, tout jugement, tout acte contraire à la loi, quel que soit l'acte et quelle que soit la loi? Faudra-t-il l'annuler, lors même que la disposition qui le régit ne porte pas la peine de nullité? Faudra-t-il annuler une ordonnance d'acquittement, lorsque l'accusé aura été acquitté, sur une instruction dans laquelle une formalité plus ou moins importante n'aura pas été observée? Faudra-t-il annuler un arrêt rendu sur une procédure plus ou moins irrégulière, lors même que l'arrêt aura acquis l'autorité de la chose jugée contre l'officier du ministère public lui-même? Enfin, l'effet de cette annulation sera-t-il illimité, comme paraît devoir l'être l'annulation elle-même?

L'embarras augmente à la lecture du Code pénal de 1810, postérieur de deux ans au Code d'instruction criminelle. Le Code pénal, article 127, déclare coupables de forfaiture, les juges, les procureurs généraux, les officiers de police judiciaire, qui auraient excédé leurs pouvoirs, en s'immisçant, etc. Ainsi, l'expression, *excès de pouvoir*, qui avait été rejetée d'un Code, se trouve reproduite dans un Code postérieur; et nous aurons plus d'une occasion de remarquer que l'article 127 du Code de 1810 statue précisément sur la matière que nous traitons.

Nous devons donc tâcher d'avoir une idée nette de la valeur légale de cette expression , *excès de pouvoir*, en nous bornant néanmoins aux excès de pouvoir que le gouvernement doit dénoncer immédiatement à la cour de cassation. La route, signalée dès l'abord comme difficile à tenir, se trouve embarrassée de nouvelles difficultés.

L'excès de pouvoir en général , est exprimé par ce peu de mots du jurisconsulte Paul , I. 3. *Dig. mandati. Diligenter fines mandati custodiendi sunt; nam qui excessit, aliud quid fecisse videtur.* Le mandataire doit se tenir scrupuleusement dans les bornes du mandat ; car s'il les excède, il est censé faire une autre chose que celle dont on l'a chargé. L'arbitre , le juge, le procureur du roi, l'officier de police, sont des mandataires ; et les lois qui règlent les fonctions judiciaires , sont pour ces derniers , ce que le compromis est pour l'arbitre , et la procuration, pour le mandataire privé.

Pour nous faire une juste idée de l'excès de pouvoir dans les matières judiciaires , il faut donc reconnaître les bornes que les lois qui se sont succédé depuis 1789, ont mises à l'autorité judiciaire. Si la limite pouvait toujours être aperçue, on saurait toujours où finit le pouvoir, et où l'excès commence.

Et déjà par cette seule indication du plan que nous nous traçons, nous avons mis en évidence cette règle, qui paraît avoir été souvent méconnue ; savoir, qu'il n'y a pas excès de pouvoir, toutes les fois qu'un magistrat, agissant dans l'ordre de ses fonctions, et sans franchir aucune limite, commet une erreur plus ou moins grave en fait ou en droit; et c'est peut-être parce qu'une règle aussi simple a été trop souvent méconnue, que l'orateur du gouvernement, peut-être aussi entraîné par son zèle, a prétendu, en 1808, que l'excès de pouvoir n'est pas autre chose que l'incompétence.

Donnons ici un résumé des principales lois organiques, qui ont circonscrit l'autorité judiciaire.

Les lois de l'assemblée constituante sur les municipalités et les administrations, défendent aux juges de s'immiscer dans les fonctions municipales et administratives. La loi sur l'organisation judiciaire du 24 août 1790, porte les mêmes prohibitions, sous peine de forfaiture.

Par la même loi, il est defendu aux juges de prendre part à l'exercice du pouvoir législatif, de suspendre ou empêcher l'exécution des lois, à peine de forfaiture. Les juges doivent faire transcrire les lois purement et simplement. Ils ne peuvent faire des réglemens. Les plaidoyers et les rapports doivent être publics. Chacun a le droit de se défendre. La procédure par jurés est ordonnée en matière criminelle. Plus de priviléges en matière de jurisdiction.

Vers la fin de 1790, un tribunal s'était immiscé dans l'administration de la grande voirie, et avait cité devant lui des administrateurs pour raison de leurs fonctions. Une loi du 14 octobre de la même année proclama de nouveau (article 2) les prohibitions portées par les lois précédentes, et y ajouta (article 5) une disposition remarquable : « Les réclamations d'incompé-
» tence à l'égard des corps administratifs
» ne sont en aucun cas du ressort des tri-
» bunaux : elles sont portées au roi »...

Voilà le premier conflit d'attribution. Voilà le germe de la loi du 21 fructidor an 5, qui porte (article 27): « En cas de conflit d'attri-
» bution entre les autorités judiciaires et ad-

» ministratives, il sera sursis jusqu'à la décision
» du ministre confirmée par le gouvernement.»

L'acte de 1791, intitulé Constitution française, a ajouté à toutes les lois précédentes des dispositions importantes sur l'autorité judiciaire.

Nul homme arrêté ne peut être détenu, s'il donne caution suffisante, dans tous les cas où la loi permet de rester libre sous cautionnement...

Tout homme légalement acquitté ne peut plus être accusé ni repris à raison du même fait. Nul ne peut être saisi que pour être conduit devant l'officier de police. Nul ne peut être détenu qu'en vertu d'un ordre légal ou d'un jugement. Nul ne peut être détenu en une maison privée. Nul ne peut refuser la représentation d'un détenu à l'officier ayant la police de la prison; nul ne peut la refuser à ses parents, s'il ne présente à ceux-ci l'ordre de le tenir au secret.

Si nous passons ensuite aux autres lois de l'assemblée constituante sur les matières judiciaires, nous remarquons d'abord la loi de police municipale et correctionnelle du 19 juillet 1791 et le Code pénal du 25 décembre de la même année, où nous trouvons des dispositions pénales contre les magistrats qui continuent l'exercice de leurs fonctions après l'expiration de leurs pouvoirs ou après leur révocation légale, contre ceux qui entrent dans les maisons privées sans observer les formalités prescrites par les lois...

On ne doit pas omettre que toutes les lois organiques et réglementaires de l'assemblée constituante, dans le partage qu'elles ont fait des fonctions judiciaires, ont défendu, soit expressément, soit implicitement, aux tribunaux, aux juges, aux officiers de police civils, criminels, aux fonctionnaires publics de même nature dans les armées de terre et de mer, d'entreprendre les uns sur les autres.

Il n'y a rien à extraire des lois de la convention qui ont précédé la loi du 13 fructidor an 3. Celle-ci fait d'itératives défenses aux tribunaux de connaître des affaires administratives.

La constitution de l'an 8, qui n'avait aucune disposition sur la matière que nous traitons, a été suivie de la loi du 27 ventose an 8; laquelle ouvre le recours en cassation contre les jugements des tribunaux militaires de terre ou de mer, pour cause d'incompétence ou d'excès de pouvoir, proposée par un citoyen non militaire, ou non assimilé aux militaires par les lois, pour raison de ses fonctions.

Le Code civil porte (articles 4 et 5): « Le » juge qui refusera de juger sous prétexte de » l'obscurité ou de l'insuffisance de la loi, » sera poursuivi comme coupable de déni de » justice. »

Le Code de procédure civile dit (art. 1029 et 1030): « Aucune des nullités, amendes et » déchéances n'est comminatoire. Aucun ex- » ploit ou acte de procédure ne pourra être » déclaré nul, si la nullité n'en est pas for- » mellement prononcée par la loi. »

Nous avons déjà indiqué l'article 127 du Code pénal de 1810, qui déclare coupables de forfaiture les juges, etc., qui auraient excédé leurs pouvoirs, en s'immisçant dans les fonctions législatives et administratives.

Le même Code prononce des peines contre les fonctionnaires qui auront ordonné ou fait quelque acte arbitraire et attentatoire soit à la liberté individuelle, soit aux droits civiques; contre ceux qui auront traduit un citoyen devant une cour d'assises, sans qu'il ait été préalablement mis en accusation; contre ceux qui se seront coalisés pour s'opposer à l'action de la loi; contre ceux qui auront arrêté de donner des démissions, dont l'objet serait d'entraver ou de suspendre l'administration de la justice ; contre ceux qui auront requis ou ordonné l'emploi de la force contre l'exécution de la loi.

Observons, en terminant ce résumé, que les dispositions constitutionnelles, organiques ou réglementaires qui y sont rapportées, ont été confirmées par beaucoup d'autres dispositions de même nature, qu'il a fallu omettre pour éviter les répétitions, et notamment par la charte constitutionnelle, et qu'elles font ainsi partie essentielle de nos lois fodamentales, où elles tiennent place à la suite d'autres dispositions de même nature, également confirmées.

Il faut donc reconnaître que lorsque ces lois ont commandé l'annulation officielle des actes par lesquels les juges auraient excédé les bornes de leur pouvoir, elles ont eu d'abord en vue de faire observer les dispositions par lesquelles elles venaient d'ordonner les pouvoirs publics, notamment l'autorité judiciaire, et posé les bornes de cette autorité.

C'est encore ce qui est établi en termes formels, et pour un grand nombre de cas, par l'article 127 du Code pénal de 1810, que nous

avons cité; c'est ce qu'ont expliqué clairement l'orateur du gouvernement et l'orateur
du corps législatif.

Le premier a dit, sur le troisième livre,
titre premier de ce Code, et sur l'article 127 :
« C'est par les constitutions qu'existent, avec
» des pouvoirs distincts et indépendants, l'au-
» torité judiciaire et administrative : si l'une
» empiète sur l'autre, l'ordre constitutionnel
» est troublé. Il ne l'est pas moins lorsque
» l'une ou l'autre de ces autorités ose s'ar-
» roger la puissance législative... Ces coalitions
» inquiétantes entre des autorité distinctes,
» surtout entre des autorités civiles et des
» corps militaires... Ces coalitions d'une autre
» espèce, qui se présentent au premier aspect
» comme passives dans leurs moyens d'exécu-
» tion.... Ces démissions combinées, dont
» l'objet ou l'effet serait d'empêcher ou de
» suspendre la justice ou tout autre service
» public, doivent être punies par la dégrada-
» tion civique des droits dont les coupables
» auraient abusé. »

L'orateur du corps législatif a dit, sur le
même titre et sur le même article : « La peine
» doit atteindre ceux des fonctionnaires qui
» se coaliseront soit pour s'opposer, soit

» pour entraver l'exécution des actes émanés
» de l'autorité légitime. Ainsi donc, tout con-
› cert qui aurait pour objet une résistance,
› même passive, au libre cours de la justice,
› demeure sévèrement interdit... La loi traite
› aussi des empiètements des autorités admi-
› nistratives et judiciaires, et prononce des
› peines contre les administrateurs ou les juges
› qui seront sortis du cercle de leurs attribu-
› tions respectives, pour s'immiscer dans
› l'exercice de fonctions qui ne leur appar-
› tiennent pas. »

Mais les lois constitutionnelles que nous
vous résumées, n'ont pas seulement voulu,
n circonscrivant les diverses autorités, les
réserver des empiètements les unes des autres;
es mêmes lois les ont circonscrites en même
emps dans la vue de garantir chacun de nous
es atteintes qu'elles pourraient porter à nos
roits individuels : c'est ce que l'ensemble de
·es lois ne permettrait pas de révoquer en
oute ; et c'est encore ce qu'expliquent les
êmes orateurs du gouvernement et du corps
égislatif.

Le premier a dit : « Après les crimes et
› délits contre la sûreté de l'état, viennent
› ceux qui sont dirigés contre la constitution...

» La loi ne pouvait omettre de s'expliquer sur
» la garantie due constitutionnellement à la
» liberté civile, sans laquelle tous les autres
» droits ne seraient eux-mêmes qu'un vain
» mot. La loi doit punir et les officiers de
» police judiciaire, qui, au mépris des pré-
» rogatives constitutionnelles de certains fonc-
» tionnaires, auraient concouru à les pour-
» suivre sans les autorisations requises, et les
» juges et officiers publics qui auraient retenu
» ou fait retenir un individu hors des lieux
» destinés à cet usage; car les lois ne veillent
» pas seulement sur la liberté des citoyens;
» elles ne permettent pas de vexer ceux qui
» ont mérité de la perdre. »

L'orateur du corps législatif a dit aussi :
« Des peines équitables sont établies pour la
» punition des crimes et délits contre les cons-
» titutions; ces premières sentinelles du trône,
» ce palladium précieux de la liberté et des
» droits des citoyens, la jouissance de la li-
» berté individuelle, est, pour l'homme vivant
» en société, le premier de tous les biens. Le
» gouvernement et la loi doivent donc la pro-
» téger et la préserver avec une religieuse at-
» tention de tout acte arbitraire. »

Ainsi, les lois constitutionnelles de 1791

et les lois de même nature les plus récentes ont, dans un même système de dispositions organiques et pénales, mis à l'autorité judiciaire des bornes qui préservent et des empiètements et de l'arbitraire, soit les pouvoirs publics, soit nos droits individuels. Il y a donc aussi excès de pouvoir, toutes les fois que des magistrats de l'ordre judiciaire, méconnaissant les dispositions limitatives de leur autorité, portent atteinte aux droits individuels.

Si donc un magistrat, procédant en exécution de l'article 136 du Code d'instruction criminelle, avait décerné un mandat par lequel il fût ordonné que je serais détenu en charte privée, ou s'il avait ordonné ou fait tel autre acte attentatoire à la liberté individuelle, cet acte devrait être dénoncé à la cour de cassation, annulé par elle, d'après l'article 441 du Code d'instruction criminelle; et ce magistrat devrait être poursuivi et puni comme coupable de l'un des crimes prévus par les articles 114, 119 et 122 du Code pénal.

Mais ces actes qui violent des droits, sans lesquels il n'y a ni ordre public, ni sûreté privée, ne doit-on pas conclure, 1°, que ce serait d'abord les qualifier trop légèrement, que de les appeler *actes contraires à la loi*; 2°, que ce serait aussi les qualifier improprement, que de dire, qu'ils auraient été faits et délivrés incompétemment; et enfin qu'il faut dire nettement, qu'en décernant de tels actes, le magistrat aurait franchi odieusement les bornes sacrées, dans lesquelles nos lois fondamentales ont pris soin de circonscrire son pouvoir?

Rappelons ici, un arrêt rendu en matière civile, et que la section civile de la cour de cassation a annulé le 21 mars 1809. Cet arrêt avait ordonné à une personne majeure et jouissant de la plénitude de ses droits, de résider pendant un temps déterminé dans un autre lieu que le domicile qu'elle s'était choisi, d'y recevoir une personne, à qui aucune loi civile ne permet de pénétrer malgré nous dans nos asiles. Il lui était interdit par le même arrêt, d'y recevoir telle autre personne.

Il nous paraît clair, qu'en prononçant ainsi, les magistrats avaient excédé les bornes de leur pouvoir. Pourra-t-on dire aussi qu'ils avaient violé les règles de la compétence? nous ne le croyons pas.

Une dernière disposition de cet arrêt, plaçait pendant le même temps, la même personne, sous la surveillance d'un magistrat de l'ordre judiciaire, à qui aucune loi n'a donné de semblables fonctions : nous croyons bien qu'en cela, les lois qui ont départi les diverses fonctions publiques, et fixé les règles de la compétence, avaient été violées formellement.

L'article 441 du Code d'instruction criminelle, la loi du 27 ventose an 8, et les autres dispositions semblables, donnent lieu à d'autres observations.

1°. Nous avons démontré que la dénonciation dont il s'agit, prescrite par nos lois constitutionnelles et organiques, ne peut être portée à la cour de cassation, que lorsque l'ordre public ou les droits individuels garantis par ces lois, ont été lésés par des actes de l'autorité judiciaire; cette dénonciation ne doit donc pas être assimilée aux dénonciations qui interviennent dans les cas prévus par la législation ordinaire.

2°. Elle se fait au nom du roi, et sur un ordre spécial du ministre de la justice : elle ne pourrait pas être faite d'office et sans cet ordre, par le procureur général près la cour de cassation : c'est encore ce qui prouve que cette mesure est hors de pair, et de haute administration.

3°. Cela résulte encore de ce que la dénonciation doit être faite immédiatement à la cour de cassation, autorité première dans l'ordre judiciaire, instituée au centre même de l'action du gouvernement.

4°. Nous ne devons pas perdre de vue, qu'il est aussi réservé aux parties intéressées de dénoncer les excès de pouvoir; c'est ce qu'expriment ces mots : « sans préjudice du droit « des parties intéressées. » Le gouvernement prévient toujours leur action, lorsque l'ordre public est interverti, lorsque l'excès est grave, et surtout lorsque cet acte est un crime. Il interviendrait encore, quoiqu'il n'y eût ni crime ni délit, si cet excès nuisait à un être faible et malheureux : « car le gouvernement et la loi, » a dit l'un des orateurs que nous avons ci- » tés, doivent protéger la liberté individuelle, » et la préserver avec une religieuse attention » de tout acte arbitraire. »

5°. Si la partie intéressée est une administration, un préfet, un maire, la loi du 21 fructidor an 3, expliquée par des arrêtés et autres actes du gouvernement, lui donne la faculté d'élever un conflit d'attribution, entre l'autorité administrative, et l'autorité judiciaire, dont le premier effet serait d'arrêter toutes poursuites. Le

Code pénal porte des peines contre les juges qui passeraient outre. C'est au roi qu'il est réservé de prononcer entre les deux autorités, et de faire rentrer dans les limites, les agents qui les auraient outrepassées.

6°. Si la partie lésée est une personne privée, rien ne peut l'empêcher de poursuivre elle-même la réparation du préjudice que lui a causé l'excès de pouvoir, en se conformant toutefois aux règles ordinaires : car si nos lois organiques portent que le gouvernement dénonce l'excès de pouvoir à la cour de cassation, elles ne donnent pas à la partie intéressée le même recours immédiat, qui est, comme nous l'avons dit, une haute mesure. Ces mots, *sans préjudice du droit des parties intéressées,* s'entendent du droit qui appartient essentiellement à chacun, de poursuivre la réparation de tout préjudice reçu. Quant au mode de poursuivre cette réparation, on ne trouve nulle part, que les parties soient dispensées de se conformer à la loi commune : c'est ce qui a été jugé par la cour de cassation, section des requêtes, le 26 vendémiaire an 12. Il faut néanmoins concilier ce que nous disons ici en thèse générale, avec la disposition portée par l'article 486 du Code d'instruction criminelle, qui statue sur des cas particuliers, et par des considérations d'ordre public, autres que celles dont il est ici question.

7°. Ces lois organiques donnent indéfiniment au gouvernement le recours immédiat contre les arrêts, jugements ou actes judiciaires, par lesquels les juges auraient excédé les bornes de leur pouvoir. Il n'est donc pas nécessaire, pour que ce droit de recours soit ouvert, que l'arrêt ou le jugement soit définitif, ou que le jugement soit rendu en dernier ressort.

Le mot *actes*, est générique. L'excès de pouvoir, en effet, peut être commis, soit par un simple mandat d'amener, délivré contre un ministre, un pair de France, un membre de la chambre des députés, soit même par la seule permission de l'appeler en cause. Le juge de paix de l'une des sections de Paris, avait délivré en l'an 7, à un ex-agent diplomatique, une cédule afin de citer l'un des ex-membres du gouvernement de l'an 3, pour se concilier sur une demande en dommages et intérêts, résultante du préjudice que cet agent prétendait avoir ressenti de sa révocation et de son rappel. Cette cédule fut aussitôt dénoncée par le gouvernement, et aussitôt annulée par la cour de cassation.

8° L'annulation que prononce la cour de cassation n'est soumise à aucune restriction ; elle est donc absolue, et l'acte, ainsi annulé, ne peut avoir aucun effet; c'est pourquoi la cédule délivrée à un ex-agent diplomatique contre un ex-membre du gouvernement, annulée par la cour de cassation, est restée sans exécution.

Il faut même ajouter que si l'acte annulé constitue un crime, celui qui mettrait cet acte à exécution se rendrait coupable du même crime. Comment concevoir en effet qu'après une annulation commandée par d'aussi hauts intérêts, un officier quelconque pût, sans crime, exécuter, soit un mandat émané d'un juge ordinaire contre un ministre, un pair de France, un membre de la chambre des députés, un conseiller d'état, hors le cas de flagrant délit ou de clameur publique ; soit un mandat de dépôt dans une maison privée ; soit un ordre de suspendre la perception des tributs ; soit un ordre de pénétrer dans nos asiles , hors les cas déterminés par la loi; soit un arrêt rendu pour traduire devant une cour d'assises un individu qui n'aurait pas été préalablement et légalement mis en accusation, etc. ?

Nous pouvons maintenant lever les doutes

15*

que font naître, à la première lecture de l'article 441, ces mots : *contraires à la loi*. Ces doutes, que nous avons énoncés en entrant dans cette discussion, s'évanouissent lorsque l'on confère l'article 441 avec l'entier système de notre législation criminelle, et avec les dispositions de même nature, antérieures à l'article 441. Considérons que l'annulation d'un acte contraire à la loi, dans le cas où la peine de nullité n'y est pas portée, serait elle-même contraire à l'une de nos lois les plus importantes : considérons ensuite que l'annulation absolue et sans restriction d'une ordonnance d'acquittement, serait elle-même un véritable excès de pouvoir, une insigne violation de l'article 409 du Code d'instruction criminelle. Ce n'est donc pas ainsi qu'il faut entendre ces mots : *contraires à la loi*, trop vagues, sans doute, mais enfin qui peuvent s'expliquer suffisamment par l'ensemble de l'article 441, et par les dispositions précédentes qui ont traité la même matière.

Lorsque le gouvernement n'a pas cru devoir dénoncer immédiatement l'excès de pouvoir, c'est-à-dire, lorsque cet excès n'est pas grave, et ne constitue ni crime ni délit; lorsque la partie n'a pas réclamé dans le délai fixé par la loi ; lorsqu'elle a transigé, ou autrement obtenu satisfaction, la loi organique de ventose an 8 , et l'article 442 du Code d'ins ruction criminelle veulent encore que le procureur général près la cour de cassation puisse donner connaissance à cette cour de tous arrêts ou jugements en dernier ressort *sujets à cassation*, et que ces arrêts ou jugements puissent être annulés.

Mais il y a des différences essentielles entre les dispositions de cet article 442, et celles de l'article 441.

1° Le procureur général peut faire d'office cette autre espèce de dénonciation, et sans y être provoqué par le ministre de la justice ;

2° Il ne peut dénoncer que les arrêts ou jugements en dernier ressort ; il ne dénoncera donc ni les jugements de première instance, ni les ordonnances permettant d'appeler en cause, ni les mandats ou autres actes d'instruction ou de poursuite ;

3° Cette dénonciation peut être faite contre tous arrêts ou jugements en dernier ressort *sujets à cassation*, c'est-à-dire, pour incompétence, excès de pouvoir, violation ou omission des formes prescrites, à peine de nullité, omission ou refus de prononcer sur une demande ou réquisition tendante à user d'une faculté accordée par la loi, ou pour fausse application de la loi pénale ;

4° Le procureur général ne peut provoquer cette annulation que lorsqu'aucune des parties n'a réclamé dans le délai ;

5° Cette annulation n'est pas absolue : on a voulu que, simplement exemplaire, elle fût restreinte au seul intérêt de la loi. Les parties ne peuvent donc se prévaloir de cette annulation, pour s'opposer à l'exécution de l'arrêt ou du jugement annulé.

Enfin, il est un autre cas où le recours en cassation ne peut aboutir qu'à une annulation pareillement exemplaire. L'article 409 du même Code, dispose que, dans le cas d'acquittement de l'accusé, l'annulation de l'ordonnance qui l'aura prononcé et de ce qui l'aura précédé, ne pourra être poursuivi par le ministère public (le procureur général près la cour royale ou ses substituts), que dans l'intérêt de la loi, et sans préjudicier à la partie acquittée.

FIN.

TABLE

DES ARTICLES

CONTENUS DANS CE VOLUME.

FIN DE LA TABLE.

www.ingramcontent.com/pod-product-compliance
Ingram Content Group UK Ltd.
Pitfield, Milton Keynes, MK11 3LW, UK
UKHW022209120726
13694UKWH00002B/479